Enigma
Le Grand Livre des Enigmes Tome 2

很美很美的猜谜书 ②
激发数学大脑

[法] 法布里斯·马萨 ◎著
[法] 希尔文·路易勒
[法] 伊凡·西格 ◎绘
江佳佳 ◎译

北方文藝出版社

黑版贸审字　08-2022-003号

原书名：Le Grand Livre Des Enigmes 2
© Hachette Livre(Marabout),Paris,2010
Simplified Chinese Translation copyright@Beijing Lightbooks CO. Ltd., Beijing, 2022

版权所有　不得翻印

图书在版编目（CIP）数据

很美很美的猜谜书.2,激发数学大脑/(法)法布里斯·马萨,(法)希尔文·路易勒著;(法)伊凡·西格绘;江佳佳译.—哈尔滨:北方文艺出版社,2022.6
　ISBN 978-7-5317-5555-5

Ⅰ.①很… Ⅱ.①法…②希…③伊…④江… Ⅲ.①智力游戏 Ⅳ.①G898.2

中国版本图书馆CIP数据核字(2022)第075097号

很美很美的猜谜书2：激发数学大脑
HENMEI HENMEI DE CAIMISHU 2 JIFA SHUXUE DANAO

作　者 / [法]法布里斯·马萨　[法]希尔文·路易勒　[法]伊凡·西格	
译　者 / 江佳佳	
责任编辑 / 李正刚	封面设计 / 烟　雨
出版发行 / 北方文艺出版社	邮　编 / 150008
发行电话 / （0451）86825533	经　销 / 新华书店
地　址 / 哈尔滨市南岗区宣庆小区1号楼	网　址 / www.bfwy.com
印　刷 / 和谐彩艺印刷科技（北京）有限公司	开　本 / 787mm×1092mm　1/32
字　数 / 150千	印　张 / 9.75
版　次 / 2022年6月第1版	印　次 / 2022年6月第1次
书　号 / ISBN 978-7-5317-5555-5	定　价 / 66.00元

Preface 序言

倘若斯芬克斯没有给忒拜城的旅人出题,而只是把走到它面前的所有人都吃掉,那么世界会不一样吗?

毫无疑问,会的。其实,我们都需要提问,需要不确定性,需要奇思妙想,才能不断进步。如果说有些谜题永远也解不开,你也不用担心。本书里的谜题都有答案,但是,请留在最后一刻再翻阅它们。比答案更重要的是为寻找答案而付出的努力。因为每个人的思维方式不同,看问题的角度不同,文化价值观不同,基于此,都可能得出不同的答案。解开谜底没有一成不变的方法,你需要打破惯性思维,利用你的聪明才智和你的观察力。一切都可能让你大吃一惊,你从这本书里不仅能学会计算 π,也能学会剥开一个鸡蛋但不碰鸡蛋的妙方。

不要忘记,谜题越难,你解开后就会越快乐。找人帮忙不一定总能走出谜沼。当然,自己动脑并不意味着一定要自己找出答案……

祝你在阅读中收获快乐,让各种烦闷都随风而去。

Le Grand Livre des Énigmes

ABLE OF CONTENTS
目录

	谜题	答案		谜题	答案
猜牌游戏	1	152	涨潮	17	168
神奇的结	2	153	奇数金字塔	18	169
分苹果	3	154	冬日花园	19	170
奇怪的买卖	4	155	数字变形	20	171
旅行	5	156	巧算100（一）	21	172
划掉一些整数	6	157	巧算100（二）	22	173
看图猜谜（一）	7	158	趣味数壹	23	174
看图猜谜（二）	8	159	四个皇后	24	175
高度幻觉	9	160	囚犯的难题	25	176
一瓶美酒	10	161	六个三角形	26	177
不平常的平方数	11	162	四个三角形	27	178
爬梯子	12	163	云游诗人	28	179
折纸艺术	13	164	字母变数字	29	180
我是谁（一）	14	165	等分图形（一）	30	181
走迷宫	15	166	有趣的规则	31	182
战旗填数	16	167	转动的硬币	32	183

母鸡在哪里	33	184	142857	56	207
最高的山峰	34	185	玫瑰排行	57	208
多少钱	35	186	一鼓作气	58	209
挖土（一）	36	187	撞脸	59	210
数字魔法	37	188	酒桶几斤几两	60	211
谁是祖父	38	189	十个罪犯	61	212
看图猜谜（三）	39	190	涂色入门	62	213
一笔画线	40	191	涂色老手	63	214
神奇的折纸（一）	41	192	插木棍	64	215
神奇的折纸（二）	42	193	三个小偷	65	216
几堆落叶	43	194	正方形变长方形	66	217
保密电话单	44	195	长方形变正方形（一）	67	218
等分图形（二）	45	196	六个正方形	68	219
谎言	46	197	山怪与人类	69	220
趣味推理	47	198	数字重量	70	221
几个正方形	48	199	五格数独	71	222
3个高脚杯	49	200	剥鸡蛋	72	223
卡片项链	50	201	干杯	73	224
奇怪的日历	51	202	方块在哪里	74	225
四个正方形	52	203	数字的声音	75	226
我是谁（二）	53	204	马斯的预言	76	227
城堡失火	54	205	哪个开关	77	228
被诅咒的M	55	206	五个三角形	78	229

四个三角形	79	230	骑行时间	102	253
杯子金字塔	80	231	会变的等式（二）	103	254
手指乘法表	81	232	解开圆环	104	255
象棋与数学	82	233	数字加减	105	256
会变的等式（一）	83	234	神奇的洞	106	257
三堆扑克牌	84	235	卡片转向	107	258
晃动的平衡棒	85	236	旅馆魔术	108	259
多少个矩形	86	237	会变的正方形	109	260
一路通过15扇门	87	238	不可思议的气球	110	261
字母变数字	88	239	π的近似值	111	262
正方形魔法（一）	89	240	立方体的夹角	112	263
正方形魔法（二）	90	241	赛车手的工作日	113	264
掉落的水晶杯	91	242	正中目标	114	265
钻石与盒子	92	243	长方形变正方形（二）	115	266
顶书立地	93	244	长方形变正方形（三）	116	267
五个圆圈	94	245	被发现的数字	117	268
翻转硬币	95	246	可以吃的蜡烛	118	269
棉线与戒指	96	247	大家庭	119	270
图形编号	97	248	淘气的修士	120	271
数字游戏	98	249	智取垫圈	121	272
在土豆上钻孔	99	250	会变的等式（三）	122	273
排列柱子	100	251	打官司	123	274
三个Q	101	252	魔术餐刀	124	275

池塘里的小船	125	276
围栏连线	126	277
公平交易	127	278
灰色矿藏	128	279
地球是圆的	129	280
排列扑克牌	130	281
被卖掉的门牌号	131	282
取出纸币	132	283
火柴阵列（一）	133	284
火柴阵列（二）	134	285
火柴阵列（三）	135	286
称量宝石	136	287
会动的鸡蛋	137	288
猜年龄	138	289
悬浮取酒	139	290
合理编号	140	291
新闻预言	141	292
卡车过桥	142	293
尺子平衡游戏	143	294
颠倒图形	144	295
三个珠宝箱	145	296
排列棋子	146	297
挖土（二）	147	298
自由落体运动	148	299
莫比乌斯环（一）	149	300
莫比乌斯环（二）	150	301

ivination

猜牌游戏

为了向阿尔提尔国王表达敬意，人们组织了一场晚会。晚会上，有位巫师展示了一项法术：他只需提几个问题，就能猜出某位大臣从一副32张牌（没有2，3，4，5，6，也没有大小王）的扑克里随便拿到的一张牌。

"扑克牌上有数字吗？"

"是的。"

"是一张双数牌吗？"

"是的。"

"上面有数字8吗？"

"没有。"

"是一张黑牌吗？"

"是的。"

"是一张梅花牌吗？"

"不是。"

请问，大臣手里拿的是哪张牌呢？

答案在第152页

agic knot

神奇的结

有个杂耍艺人手里分别拿着一根绳子的两头，他要怎样拿着绳子不放手还能打个结？

答案在第153页

… pples

分苹果

一位农妇去摘苹果。她有8个孩子,却只摘了5个苹果。但聪明的农妇还是给每个孩子一样多的苹果。她是怎么做到的呢?

答案在第154页

ysterious shopping

奇怪的买卖

弗雷德公爵碰到一个小贩。他们进行了如下对话：

"1个多少钱？"
"3个银币。"
"10呢？"
"6个银币。"
"200呢？"
"9个银币。"

弗雷德公爵要买什么呢？

答案在第155页

rips

旅行

马可·福尔旅行过很多次。
第一次旅行,他遇见了玛利亚娜。
第二次旅行,他爱上了威尔莱娜。
第三次旅行,他与鲍丽娜结了婚。
请问他在哪次旅行中死于一种严重的疾病?

答案在第156页

rossed out

划掉一些整数

数学家莱昂纳多正在钻研代数问题。他在羊皮纸上写下1到30（包含1和30）的所有整数，然后又划掉一些，让剩下的所有整数都不是另一个整数的2倍。这些整数是哪些呢？

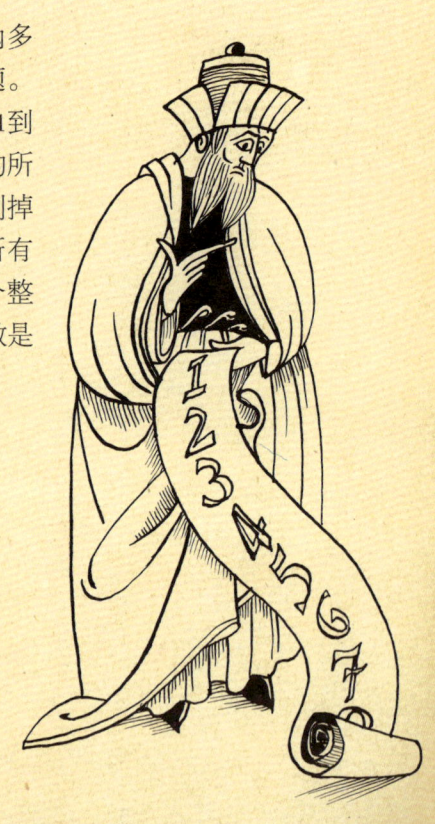

答案在第157页

icture puzzle 1

看图猜谜（一）

观察这幅画，你想到了什么？

答案在第158页

icture puzzle 2

看图猜谜（二）

观察下面这幅画，你想到了什么？

答案在第159页

llusion

高度幻觉

这间枪械库里发生了奇怪的事情……
哪个窗框更高？窗框A还是B？

答案在第160页

rand cru

一瓶美酒

一位将军带领他的士兵打了胜仗。他想打开葡萄酒与士兵们举杯庆祝。很不巧,他没有酒瓶起子,而且他们身处森林深处!手边只有一件斗篷。他如何借助斗篷打开葡萄酒呢?

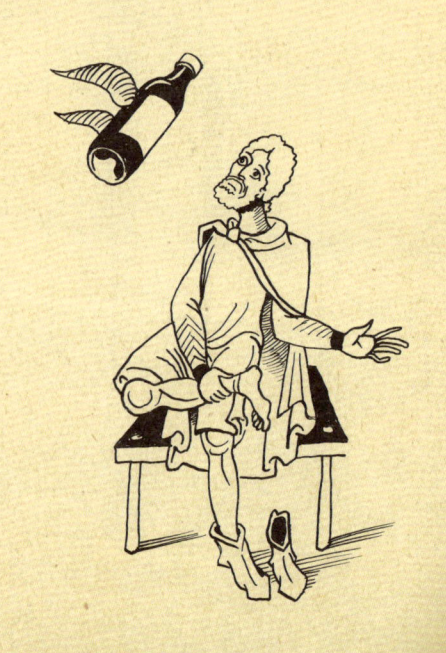

答案在第161页

surprising square numbers

不平常的平方数

为什么111111111的平方不同寻常呢?

$$111111111^2 = ?$$

答案在第162页

n the grand ladder

爬梯子

布鲁日大教堂的工地上，有一个伙计站在梯子正中央，他要一直爬到梯子顶部的钟楼。他向上爬了三阶横杆，有些头晕，后退五阶横杆。后来，他鼓起勇气向上爬了七阶横杆。休息了一会儿后，又一口气爬完了最后六阶横杆，到达钟楼。请问梯子一共有多少阶横杆？

答案在第163页

rigami

折纸艺术

不用胶水，只用一张纸，怎样才能折成图中的样子呢？

答案在第164页

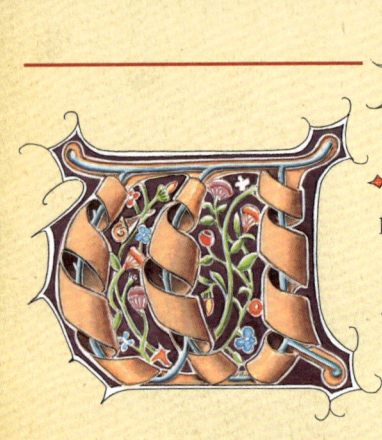

ho am I 1

我是谁（一）

走时原地不动，没劲了会停下来。不喜欢逆行，却需要把自己憋得足足的。我是谁？

答案在第165页

abyrinth

走迷宫

隆塞沃战场上,罗兰跟他的部队走散了。怎样才能在30秒内从A点走到B点?

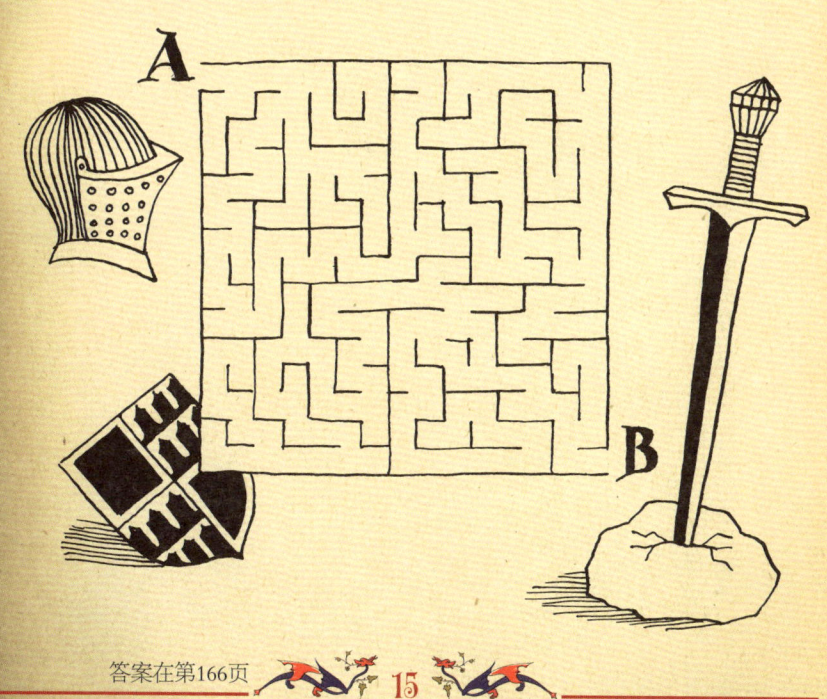

答案在第166页

attle flag

战旗填数

有一面战旗,被分成四部分,共16个方格。

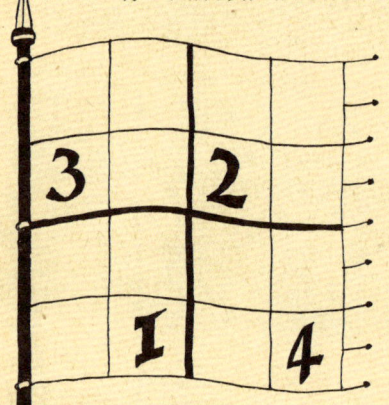

请在3分钟内用数字1,2,3,4把战旗上的格子填满。每个数字只能在每个部分中出现一次,而且每一行每一列的数字不能重复。

答案在第167页

t high tide

涨潮

退潮时，船上舷梯有17级台阶露出水面。每级台阶高15厘米，海水涨潮速度为每小时30厘米。请问涨潮1.5小时后，还有多少级台阶露出水面？

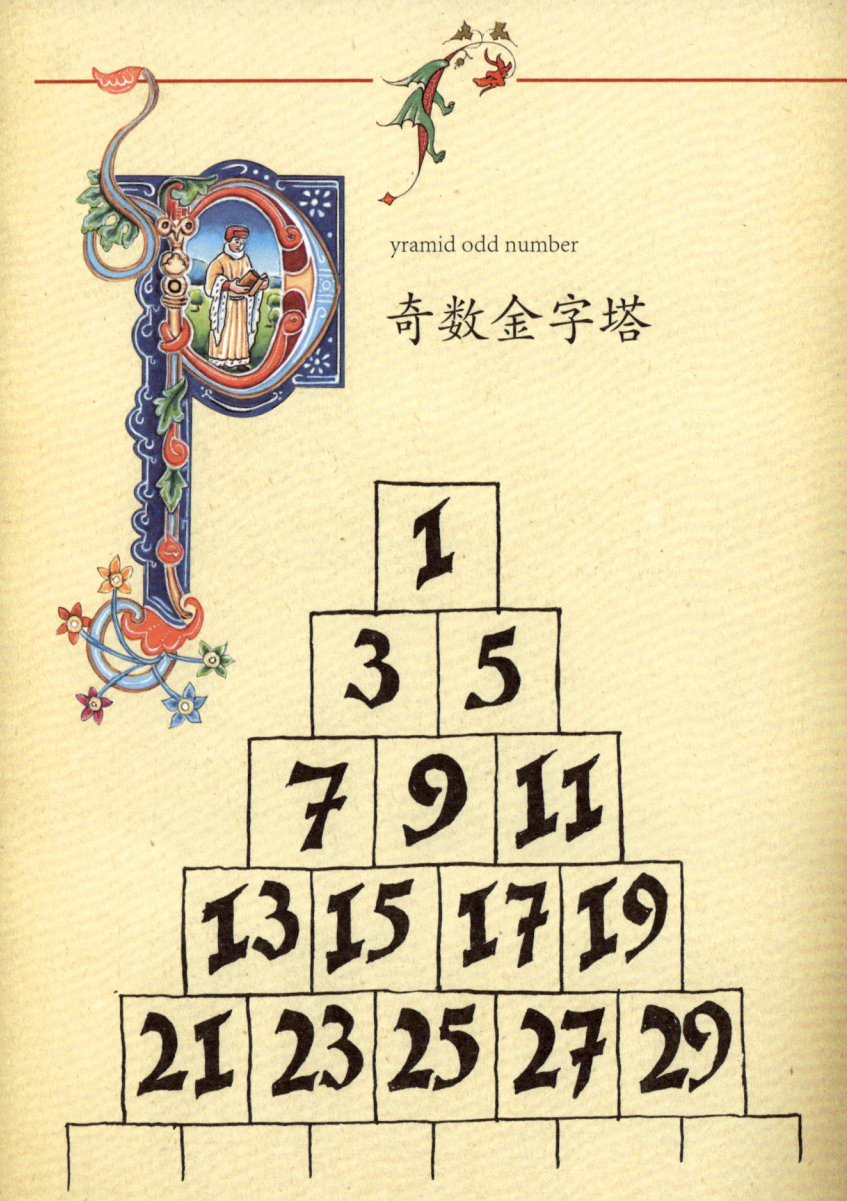

yramid odd number

奇数金字塔

			1			
		3	5			
	7	9	11			
13	15	17	19		
21	23	25	27	29	

请说出金字塔第15行的数字总和。

答案在第169页

inter garden
冬日花园

一场大雪过后，布丹出门发现他家院子里的雪是邻居卡尔家的两倍，但他并不感到吃惊。你知道这是为什么吗？

答案在第170页

etamorphosis

数字变形

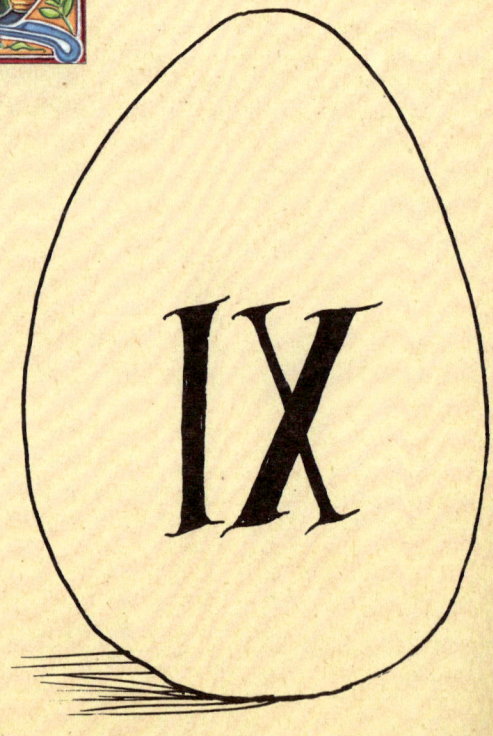

你能够只画一笔就把图中罗马数字9变成6吗?

aking 100 with Calculating signs 1

巧算 100（一）

请在不更改数字顺序的情况下，在两个数字间添加运算符号，使最终结果为100。本题允许使用辅助符号。

$$1\ 2\ 3\ 4\ 5\ 6\ 7\ 8\ 9 = 100$$

aking 100 with Calculating signs 2

巧算 100（二）

有五个数字"5"，你能想出办法让它们变成100吗？

答案在第173页

itori

趣味数壹

请涂黑部分方格,使其符合下列要求:

❶ 每一行、每一列的同一个数字只能出现一次。

❷ 被涂黑的方格不能(上下左右)有共同的边,但可以有共同的顶点。

❸ 白色方格不能被黑色方格孤立,即所有白色方格必须连成一片。

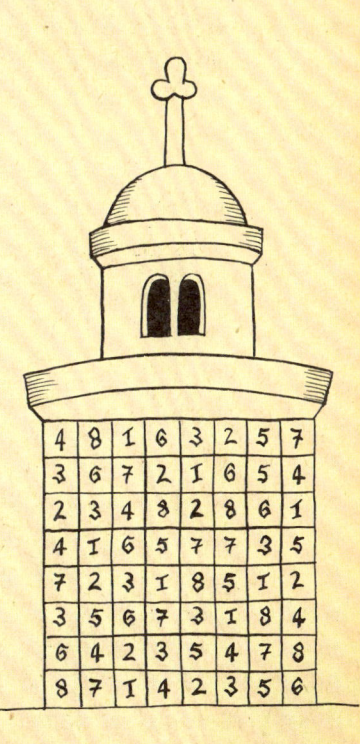

4	8	1	6	3	2	5	7
3	6	7	2	1	6	5	4
2	3	4	8	2	8	6	1
4	1	6	5	7	7	3	5
7	2	3	1	8	5	1	2
3	5	6	7	3	1	8	4
6	4	2	3	5	4	7	8
8	7	1	4	2	3	5	6

答案在第174页

our queens

四个皇后

请在下方的棋盘上放置四个皇后棋子，使得对手的国王无论如何放置都会被"将军"？

提示：皇后可以走直线也可以走斜线。

答案在第175页

risoners

囚犯的难题

如图所示,两名囚犯被拴在一起了。不剪断绳子,他们要怎样做才能分开?

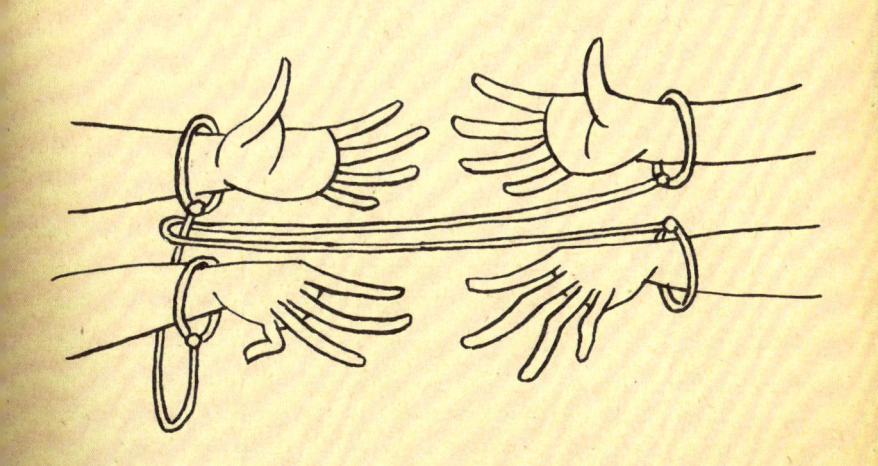

答案在第176页

ix triangles

六个三角形

一位橱窗设计师正在用火柴棒构思橱窗的结构。他的问题是：如何移走3根火柴，得到6个相同的三角形。

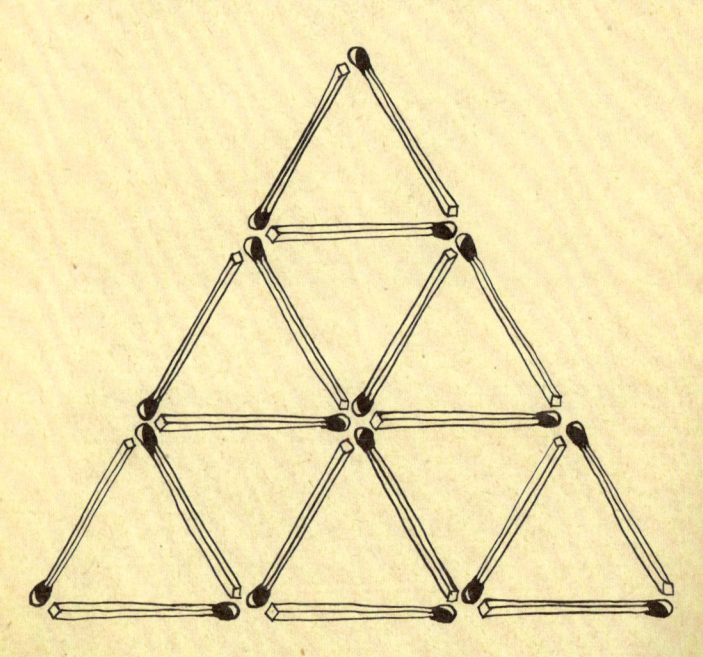

答案在第177页

our triangles

四个三角形

移走4根火柴,让下图变为4个相同的三角形。

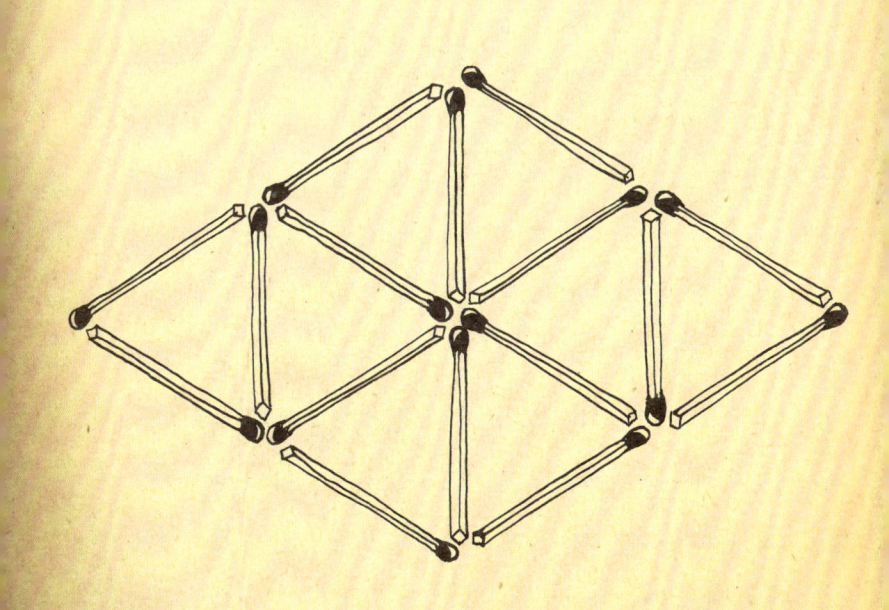

答案在第178页

instrel

云游诗人

马丁、伯洛夫和雷昂德是云游诗人协会的成员。他们三个人中，有两个能演奏里拉琴，两个会吹风笛，两个能演奏弦琴。不能演奏弦琴的也不会吹风笛，不会吹风笛的也不会演奏里拉琴。

请问他们三个人都演奏什么乐器呢？

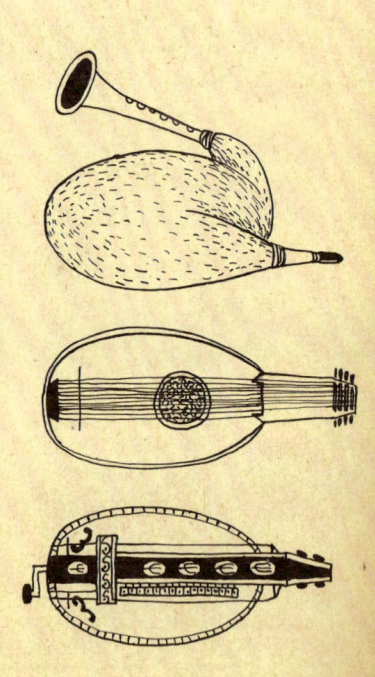

答案在第179页

letter for a number

字母变数字

把字母A，B，C，D，E换成1，2，3，4，5，让下列算式成立。

$$\sqrt{\frac{AB}{DE}} \times C$$

答案在第180页

eparations 1

等分图形（一）

请把右图盾牌的图案平分成四份。

请把左图徽章图案平分成五份。

答案在第181页

unny rules

有趣的规则

在一个奇怪的规则里，4是9的一半，6是11的一半，7是12的一半。

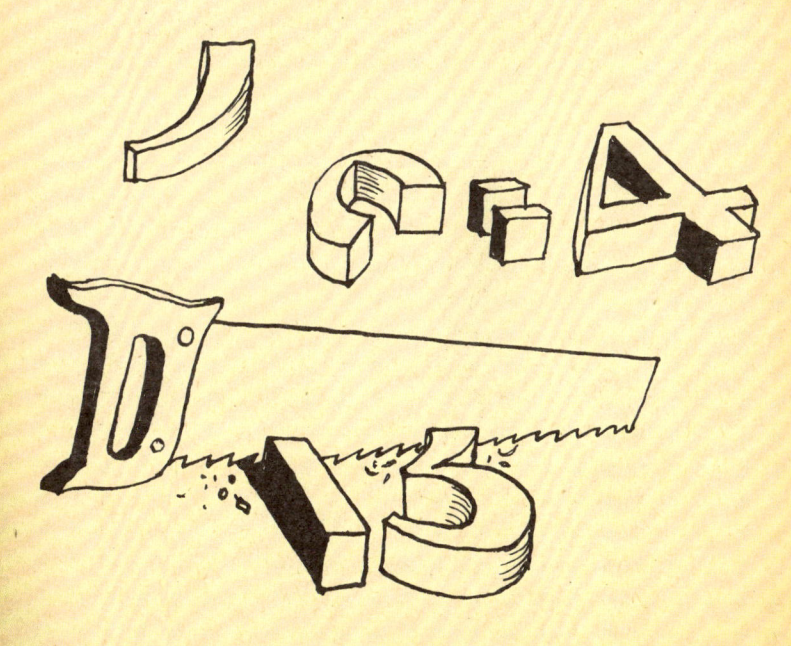

请问哪个数字是13的一半？

答案在第182页

otating coins

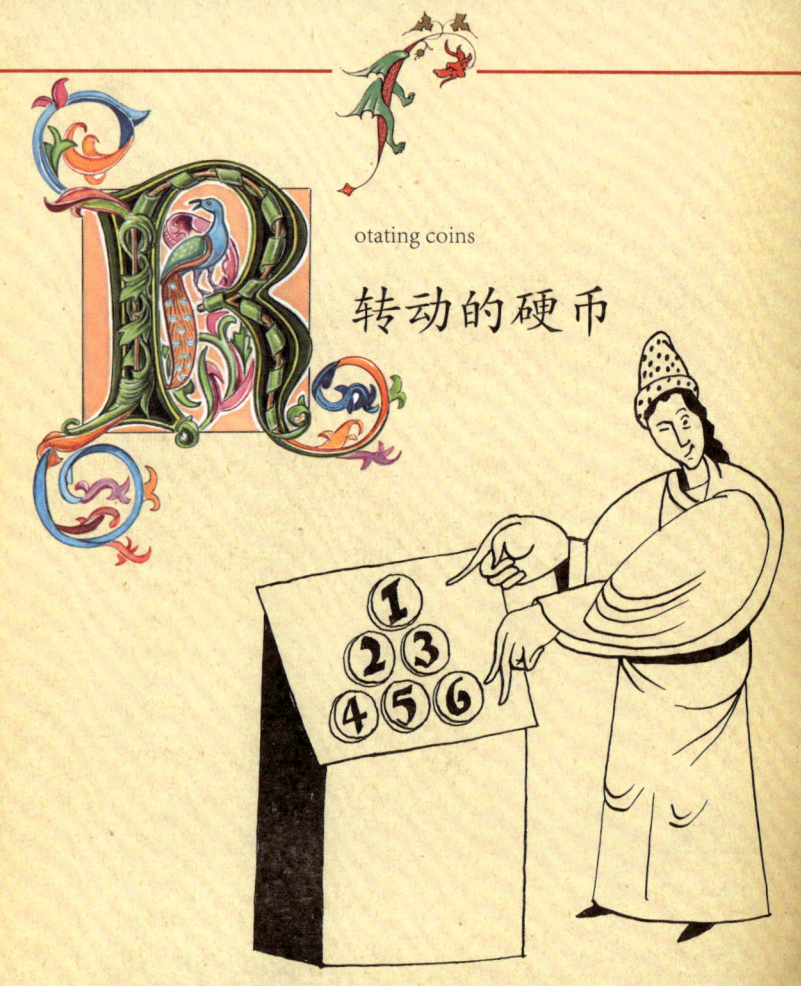

转动的硬币

一个杂耍艺人正在巴黎圣母院的广场上摆弄几枚硬币，如上图所示。他给路人出了一道题：

"只用四步就把这些硬币摆成圆圈。每一步只能挪动一枚硬币，其余硬币不可动。每个被挪走的硬币都得靠着另外两枚硬币。"

答案在第183页

here are the Hens

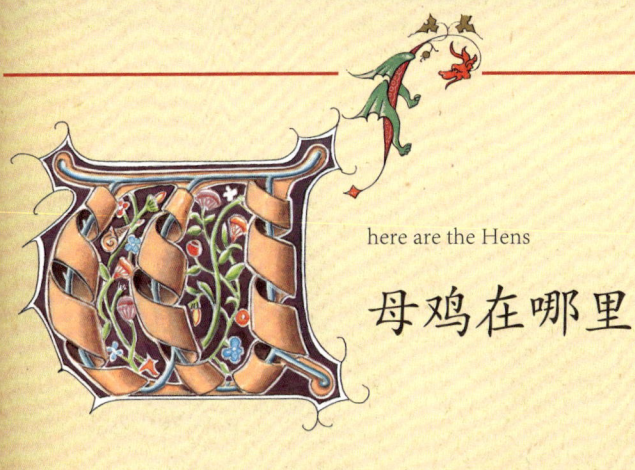

母鸡在哪里

兰德养了32只母鸡，圈在如下图所示的鸡舍里。这个鸡舍里第1行、第3行的母鸡总数和第A列、第C列的母鸡总数都是12。后来由于生意越做越好，他决定再买12只母鸡。现在他有44只母鸡，但是他不确定鸡舍的1行、3行和A列、C列是否还能再容纳12只母鸡，还是需要再建一座鸡舍呢？你能给他出个主意吗？

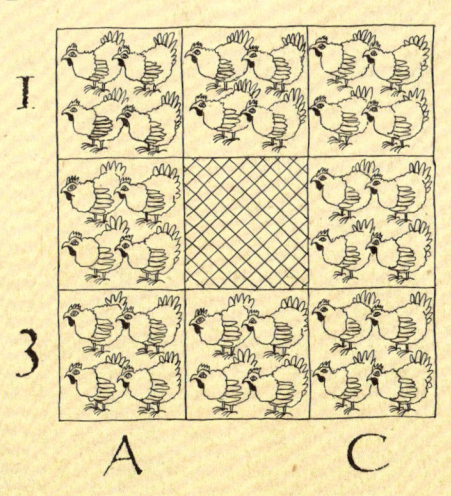

答案在第184页

ountain peak

最高的山峰

在人们发现珠穆朗玛峰之前,世界上最高的山峰是什么?

答案在第185页

ow much 多少钱

扎尔波特和西斯蒙刚收完土地税。现在他俩的钱一样多。扎尔波特需要给西斯蒙多少钱才能让西斯蒙比自己多1000块?

答案在第186页

arth pit 1

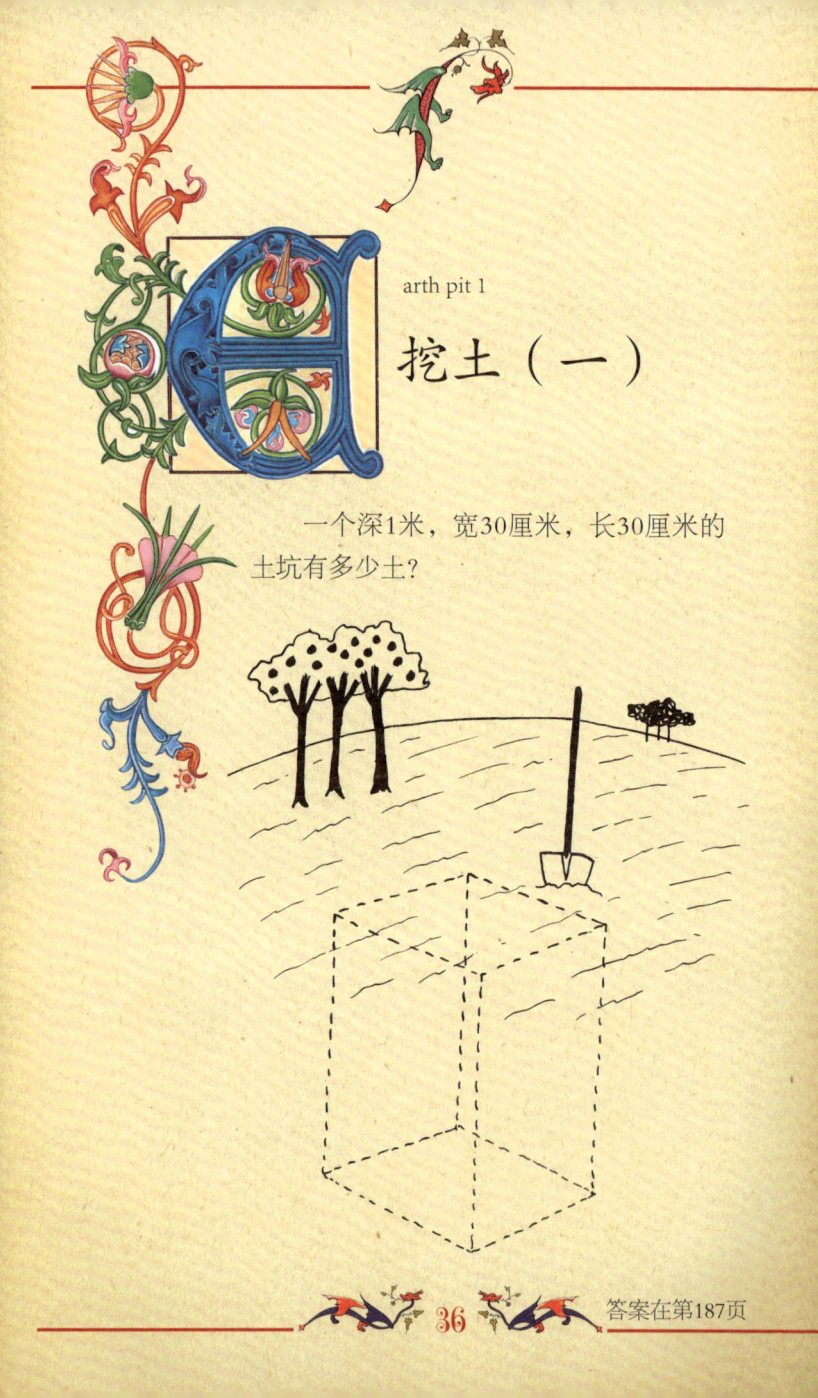

挖土（一）

一个深1米，宽30厘米，长30厘米的土坑有多少土？

答案在第187页

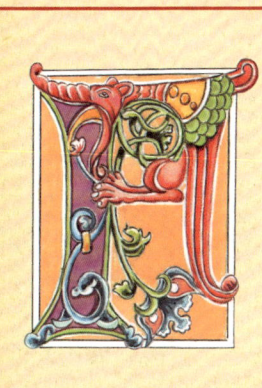

igure Magic

数字魔法

请把盾牌上的黑点用1至19的数字代替,使得每一行的数字总和都是38。

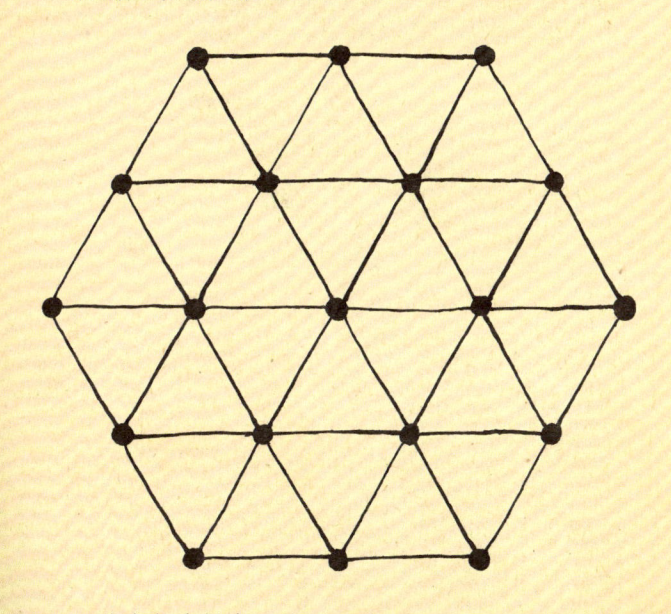

注意每个数字只能用一次。

答案在第188页

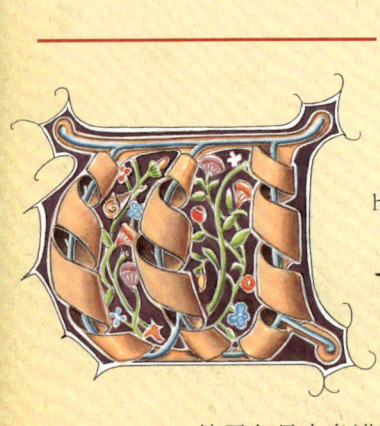

ho is grandpa

谁是祖父

德马尔是布鲁诺的儿子。
德雷克是德马尔的兄弟。
布鲁诺是利波的女儿。
请问谁是德雷克的祖父?

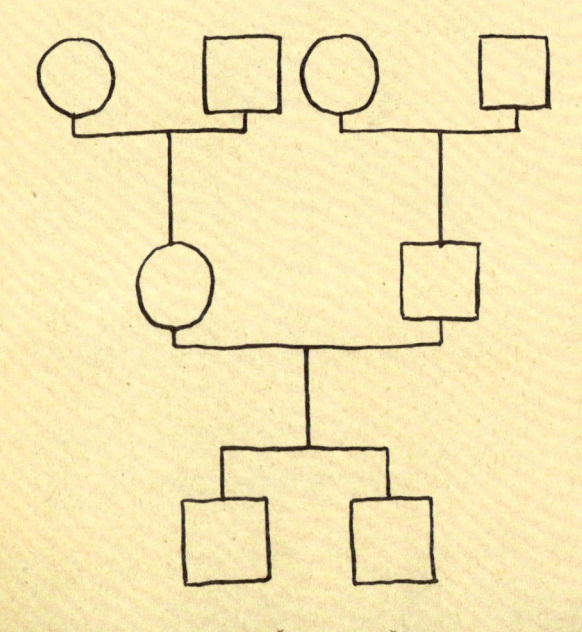

答案在第189页

icture puzzle 3

看图猜谜（三）

观察这幅图，猜猜他们在干什么呢。

答案在第190页

ix points

一笔画线

负责抄写经文的修道士希望只画一笔就把手抄本上的六个点连起来,变成一个信封的样子。

你能帮帮他吗?

答案在第191页

olding I

神奇的折纸（一）

你能把一张0.1毫米厚的羊皮纸来回折叠20次吗？

答案在第192页

olding II

神奇的折纸（二）

如果上题可行，请问折了20次之后的羊皮纸有多厚？如果折60次呢？

答案在第193页

weep the fallen leaves

几堆落叶

两个奴隶正在清扫他们领主城堡的内院。其中一个扫了三堆落叶,另一个扫了七堆落叶。当他们把自己的劳动成果放一块时,会有多少堆落叶呢?

答案在第194页

Red list
保密电话单

电信公司发现某个村子5%的村民都在保密电话单上。

那么从电话簿里随机选出的400个名单中,有多少人的电话号码是保密的?

答案在第195页

eparations 2

等分图形（二）

把下面菜园分成同样大小的四份，每一份形状相同且包含同样数量的果树。

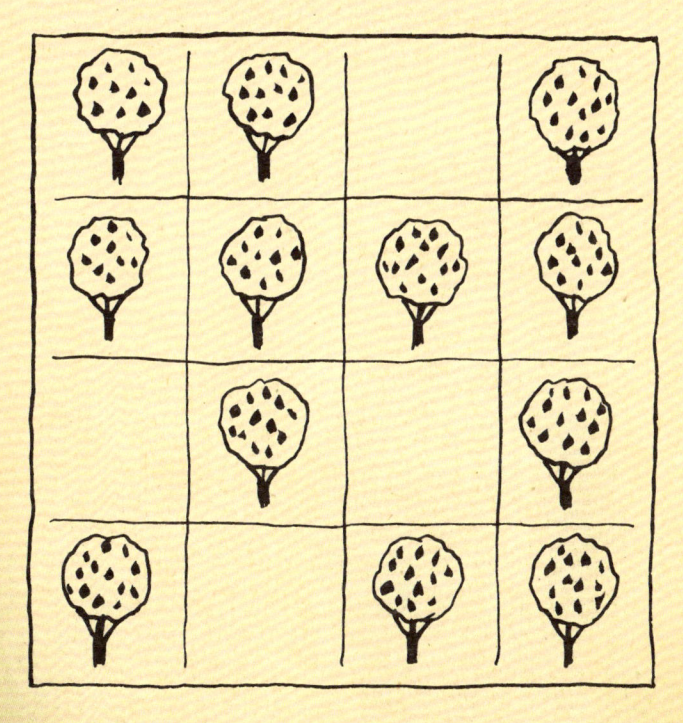

答案在第196页

lie

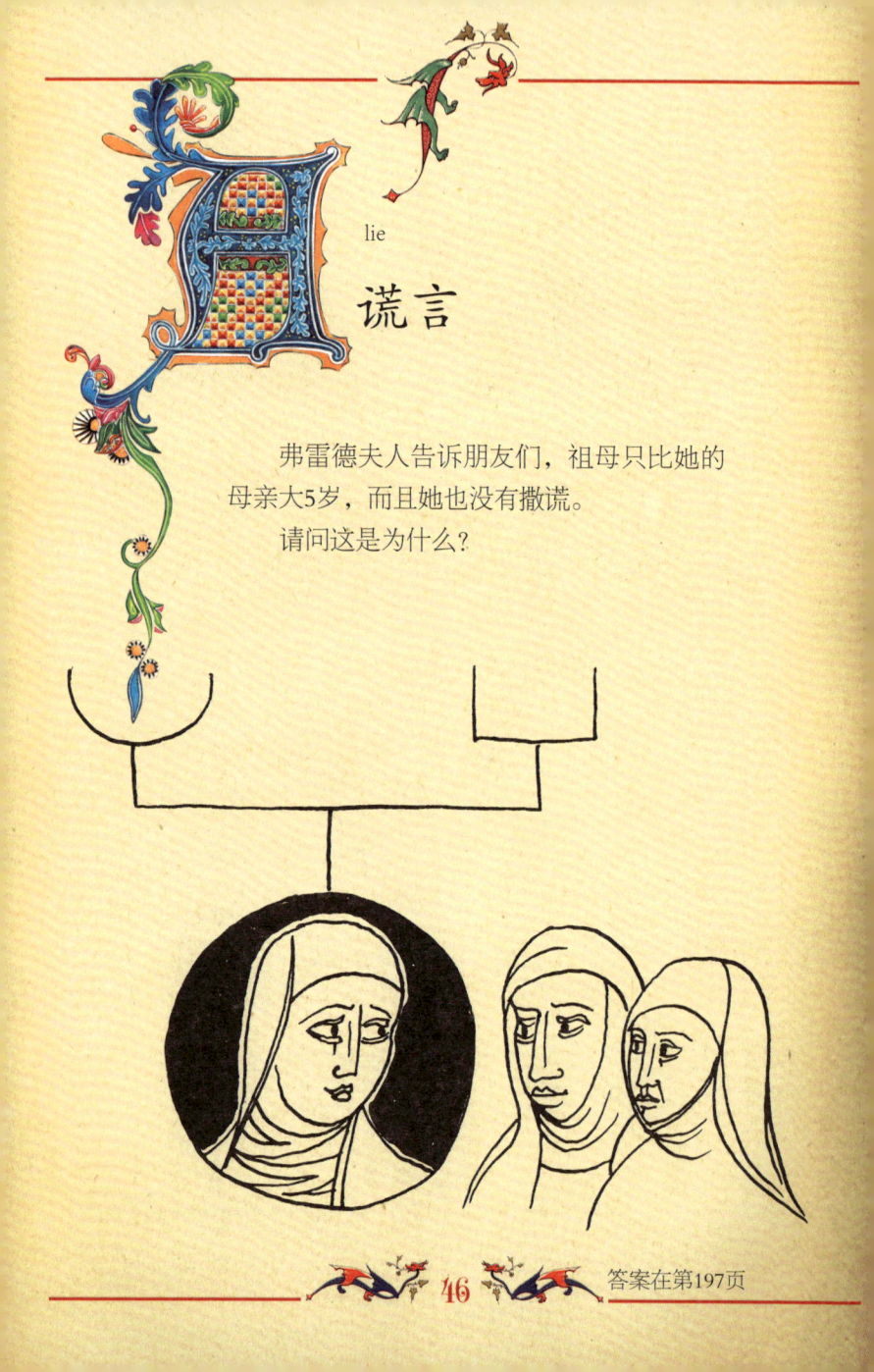

谎言

弗雷德夫人告诉朋友们，祖母只比她的母亲大5岁，而且她也没有撒谎。

请问这是为什么？

答案在第197页

easoning

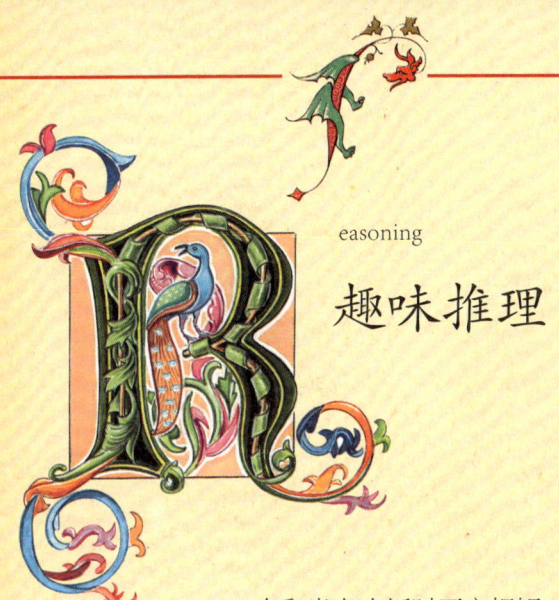

趣味推理

一个和尚在晚饭时不守规矩,说了话。为惩罚他,修道院院长给他出了一道题:

"写出比10小的任意两个数字,两者相加并计算出结果,然后把算式里的最后两个数字按顺序再相加计算,如此进行到第十个算式并得出结果,然后告诉我第七个算式的值,我就能说出这十个算式里所有数字相加的结果。我是怎么算的?"

你能帮帮这个受罚的和尚吗?

举例:1+2=3 ,2+3=5,3+5=8,5+8=13……89+144=233

答案在第198页

ow many Squares

几个正方形

请说出下面橱窗包含多少个正方形?

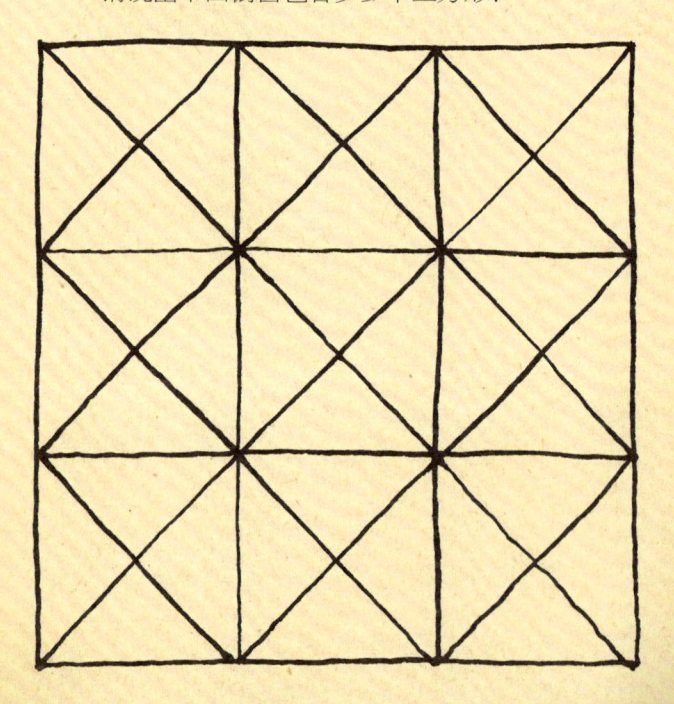

答案在第199页

hree hanaps

3个高脚杯

如下图有3个高脚杯,每次翻2个杯子,那么需要三次就能让3个杯子正面朝上。

既然你可以轻松完成目标,那么我要跟你说一个秘密,参见第200页。如果有人觉得这太简单了,你就可以去难倒他……

答案在第200页

special necklace

卡片项链

国王圣·路易生日的当天,有位朝臣借此机会送他一张漂亮的卡片,有十多厘米长。国王向众人宣布:"我要把我的头从卡片穿过去!"

众人大笑起来,可是国王真的成功了。请问他是怎么做到的?

答案在第201页

n odd Calendar

奇怪的日历

有些月份有30天，有些月份有31天，那么有多少个月份有28天？

答案在第202页

our squares

四个正方形

有一位建筑师正在考虑建造一座教堂。他用火柴摆出下图,想要移动4根火柴得到3个正方形。你知道怎么做吗?

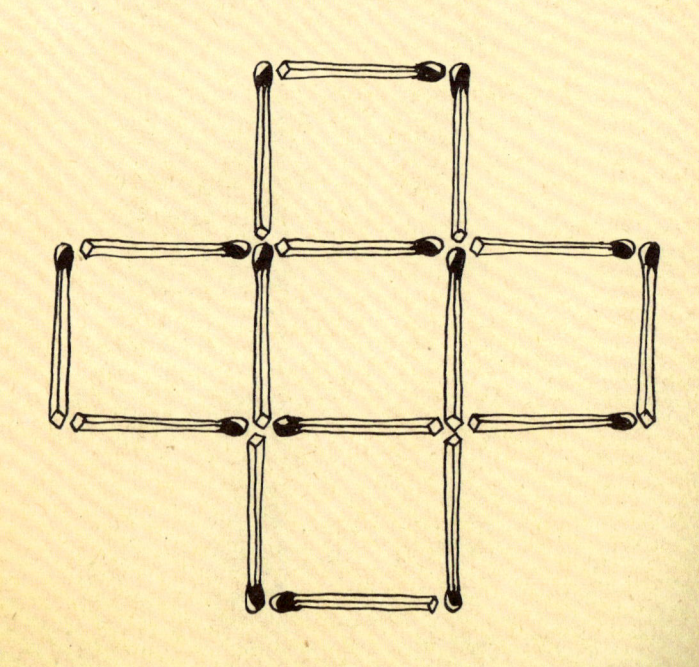

Who am I 2

我是谁（二）

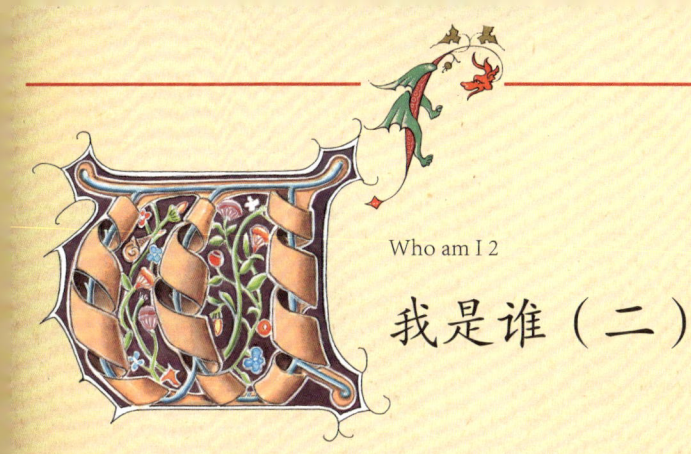

如果你找到门路，我就会现身。你可以拥有我或者把我分享给别人。如果你把我分享出去，那么我就消失了。

我是谁呢？

答案在第204页

ire in the tower

城堡失火

城堡里一座主塔失火。为了逃生和抢救财宝，国王、王后、王子必须使用"逃生篮"。逃生篮的工作原理如下：如果一个篮子比另一个篮子重，就会下行；在杠杆作用下，另一个篮子会再次升起到逃生窗口前。

但是，一个篮子比另一篮子多出的重量不能超过15千克，否则逃生篮会快速下降，产生危险。

如果国王重95千克，王后55千克，王子40千克，财宝25千克，他们该如何逃生？

curse

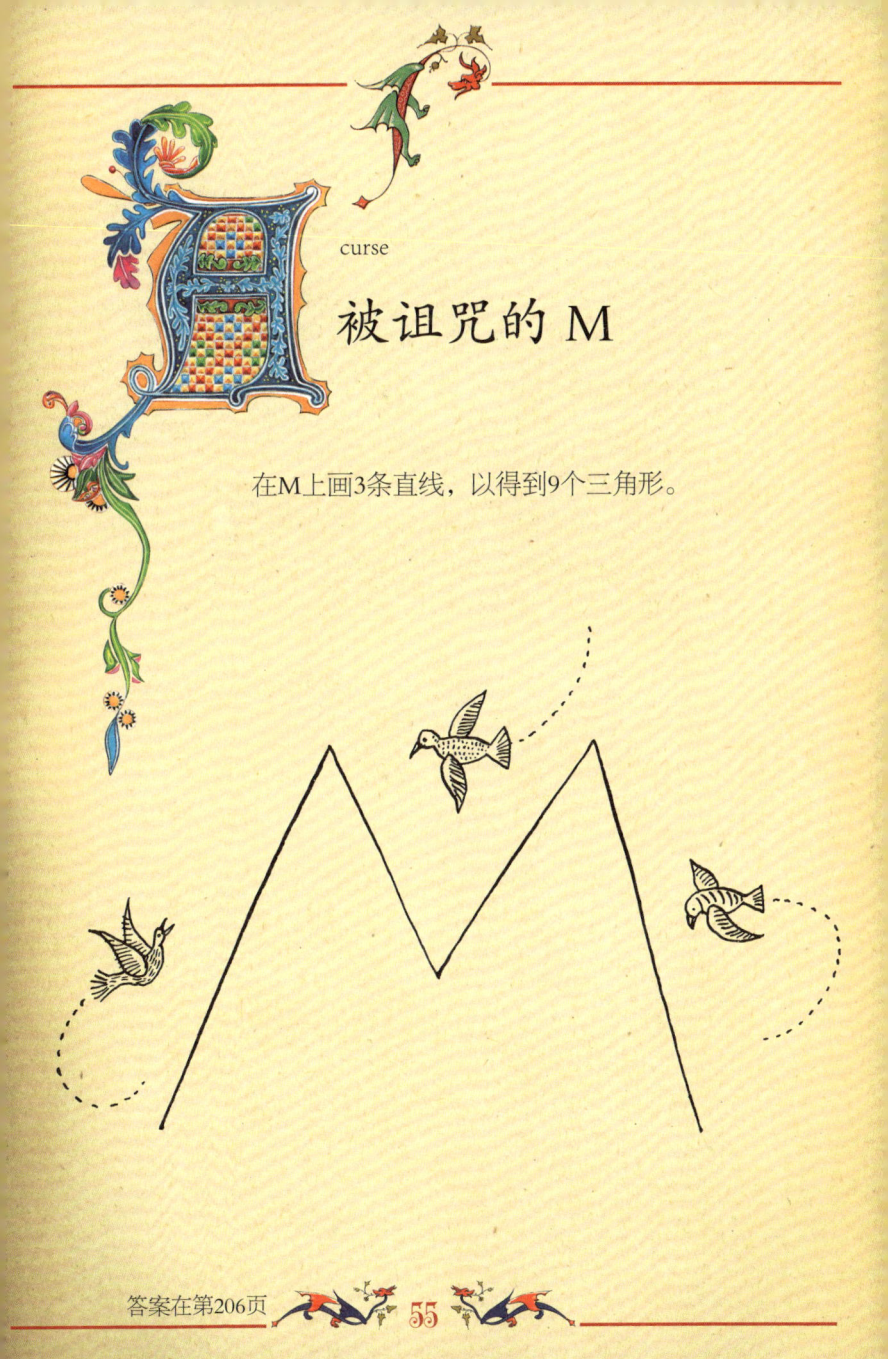

被诅咒的 M

在M上画3条直线，以得到9个三角形。

答案在第206页

1

42857

142857

× +

142857

$142857 \times 1 = 142857$ $142857 \times 2 = 285714$
$142857 \times 3 = 428571$ $142857 \times 4 = 571428$
$142857 \times 5 = 714285$ $142857 \times 6 = 857142$

请问，为什么142857是个神奇的数字？

答案在第207页

even roses

玫瑰排行

白衣修女要在丰特莱修道院的花坛种7枝玫瑰，要求排列成6行，每行包含3枝玫瑰。她要怎么做呢？注意一枝玫瑰可同时属于不同的行。

答案在第208页

ll at once

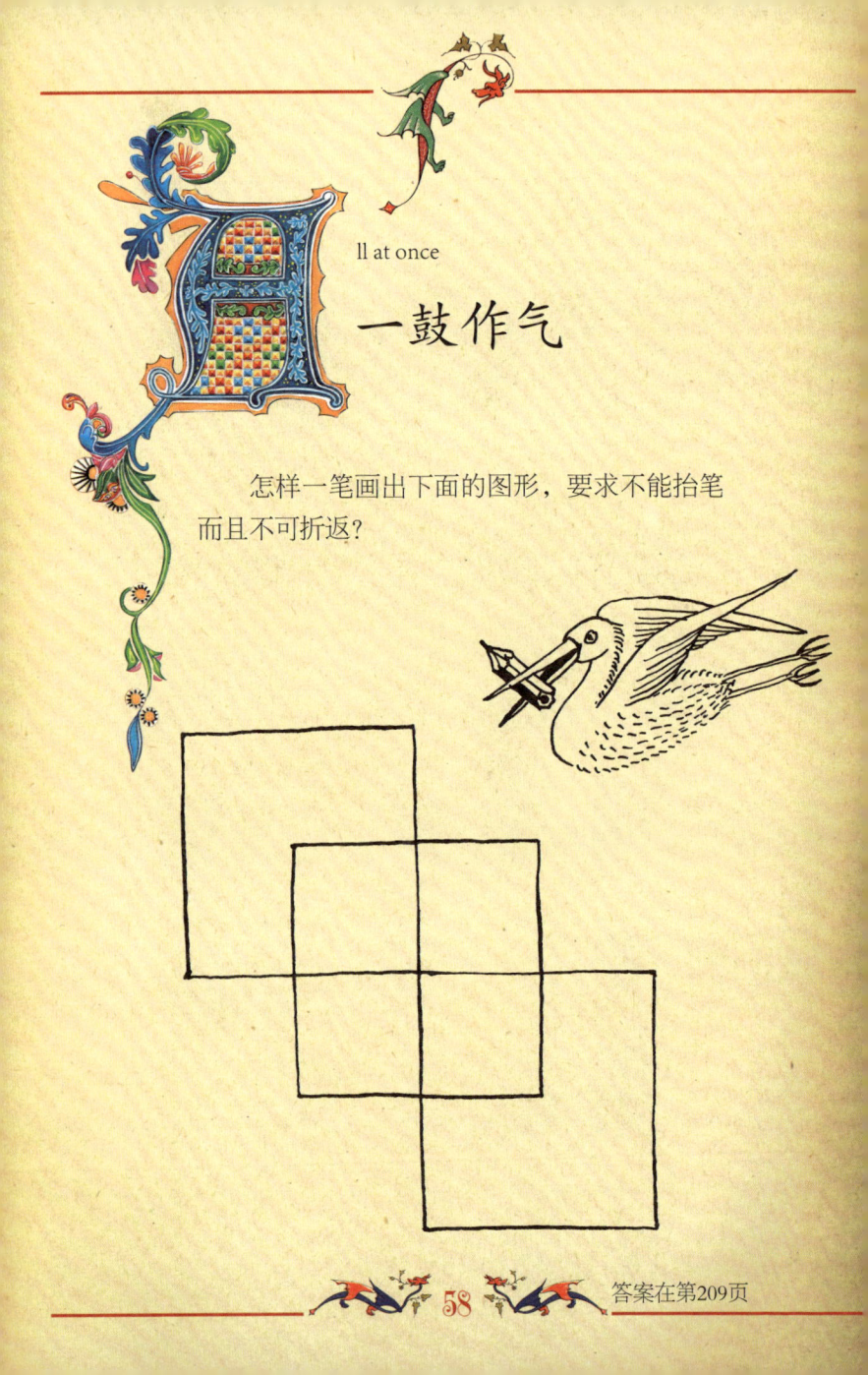

一鼓作气

怎样一笔画出下面的图形,要求不能抬笔而且不可折返?

答案在第209页

irror image

撞脸

哪些魔方是一样的?

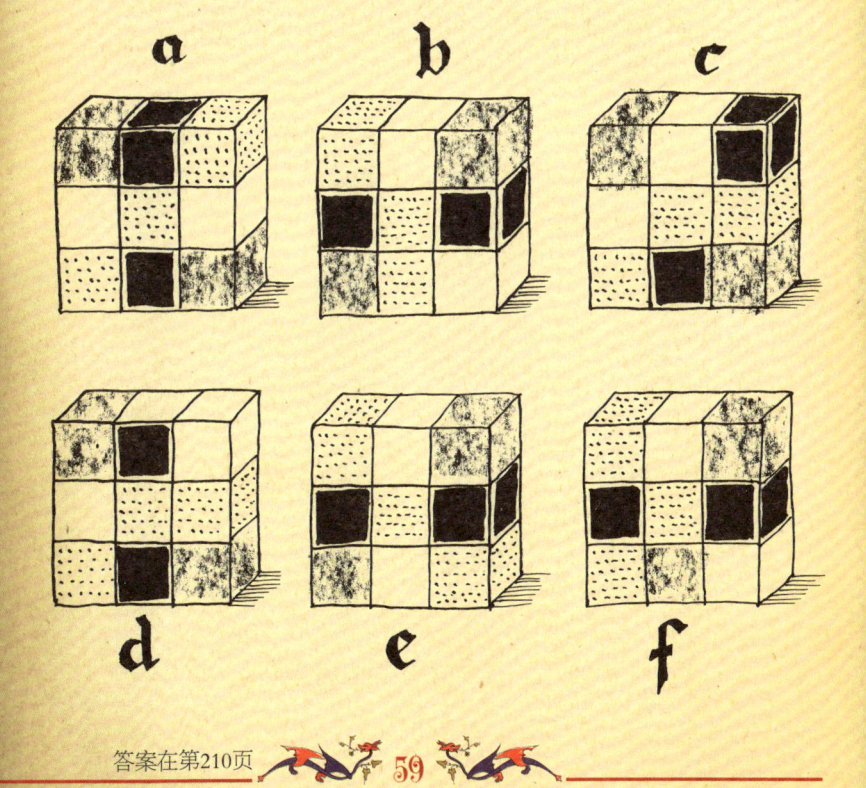

a **b** **c**

d **e** **f**

答案在第210页

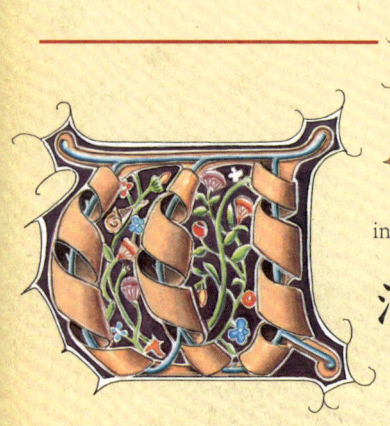

ine cask

酒桶几斤几两

城堡主人宴请了王国里近一半的居民。宴会之后，城堡管家开始记账。宴会前，葡萄酒桶重230千克。宴会后，酒桶少了一半的酒，现在只有120千克。

请问空桶的重量是多少？

en criminals

十个罪犯

有十个罪犯被关在皇家城堡的塔楼里。为防止他们自相残杀，监狱看守决定用三个篱笆圈把他们分开。请问该怎么做呢？

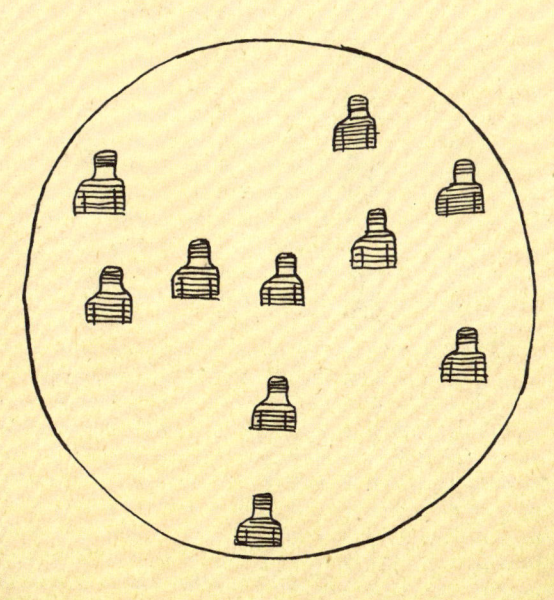

答案在第212页

beginner

涂色入门

把空白圆圈涂黑,使每一个数字恰好等于环绕这个数字的黑色圆圈的数量。

2	2	3
3	2	2
4	4	2

答案在第213页

eteran

涂色老手

把空白圆圈涂黑，使每一个数字恰好等于环绕这个数字的黑色圆圈数量。

1	1	2	1	1
2	3	3	1	0
2	3	4	2	0
3	2	2	1	0
3	3	2	1	0

答案在第214页

ne Stick

插木棍

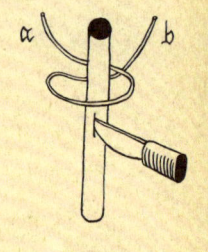

插一把刀在木棍上,把绳子围在刀子上方并于木棍后面交叉。

随后拿着绳子两端,在刀子上方交叉一次,下方交叉一次。

再拿着绳子两端在木棍后面交叉一次,并把两头放到木棍前方。

然后拿着绳子两端和刀把,使劲往外拉,绳子和刀现在都脱离了木棍。

但是呢,如果你尝试再做一次的话,绳子还是绑在木棍上。

猜猜我的秘诀是什么呢?

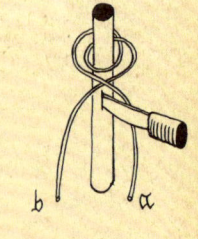

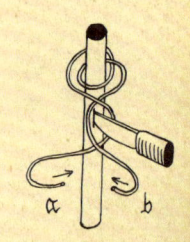

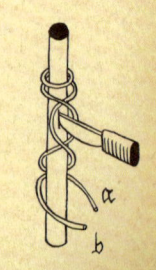

答案在第215页

hree thieves

三个小偷

三个小偷从梅林实验室偷来21个有长生不老药的药水瓶。但他们很快发现偷来的东西并不像他们幻想的那样美好。因为其中有7个瓶子是满的，7个只盛了一半，还有7个是空的。

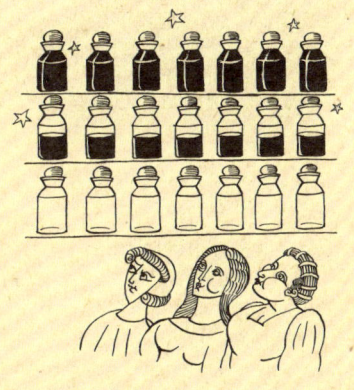

他们想平分这些药水瓶和长生不老药，该怎么做呢?

注意：三个小偷不可以打开瓶子查看里面的药水。

答案在第216页

ectangle

正方形变长方形

在巴黎的小猫钓鱼路边，有一个木匠的学徒在思考一个问题：如下图所示，这是一个由火柴棍组成的正方形，他要如何移走9根火柴，使正方形图只剩下长方形？

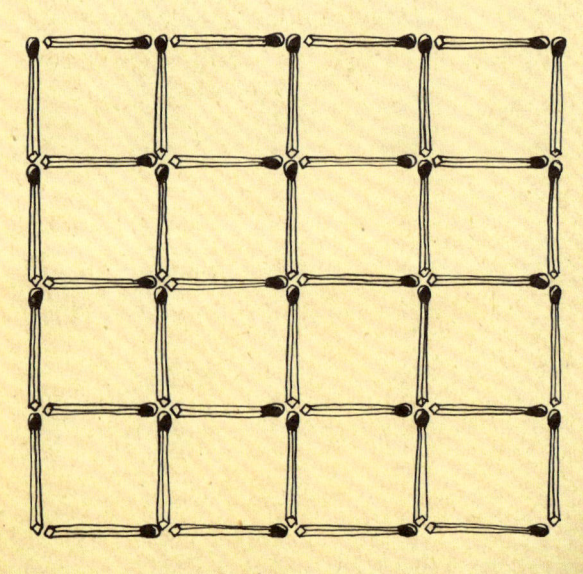

答案在第217页

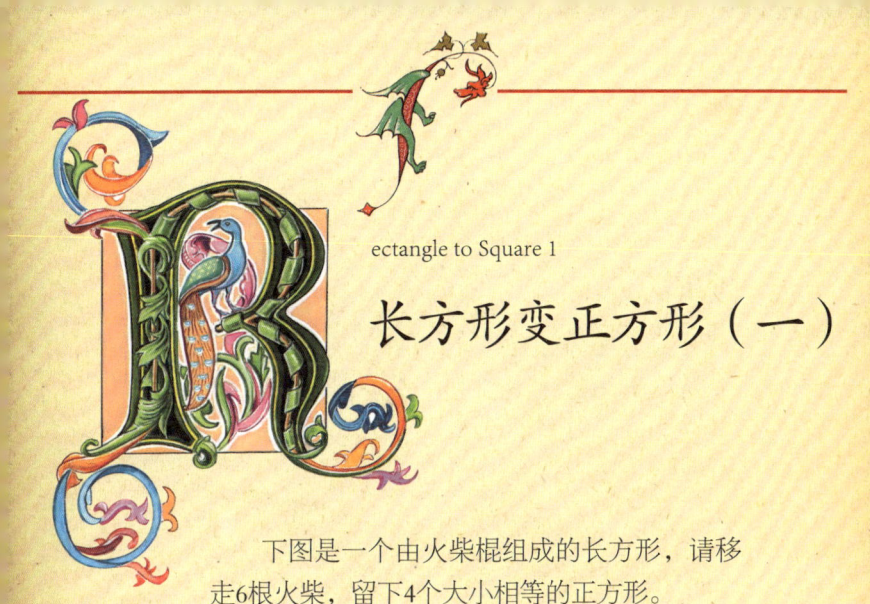

ectangle to Square 1

长方形变正方形（一）

下图是一个由火柴棍组成的长方形，请移走6根火柴，留下4个大小相等的正方形。

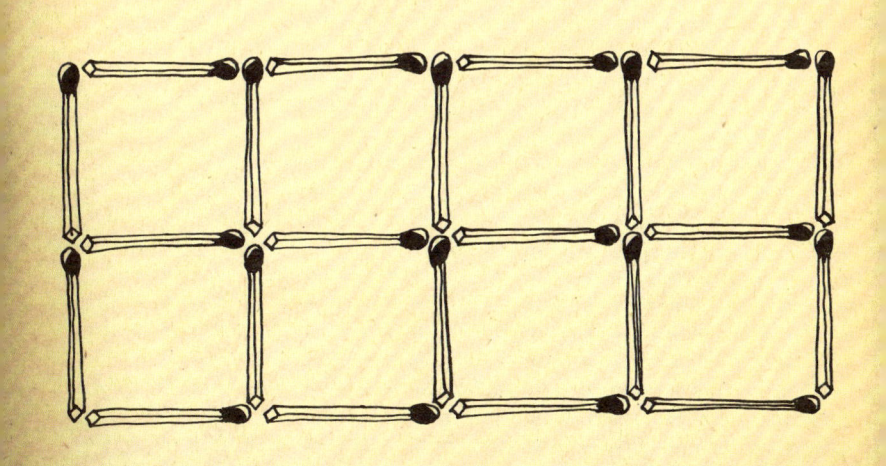

答案在第218页

ix squares

六个正方形

有一个房梁学徒想做一个模型试验,他在桌子上摆放一个由火柴棍组成的正方形,现在他手里还有8根火柴,他要怎样做才能得到6个大小相等的正方形呢?

答案在第219页

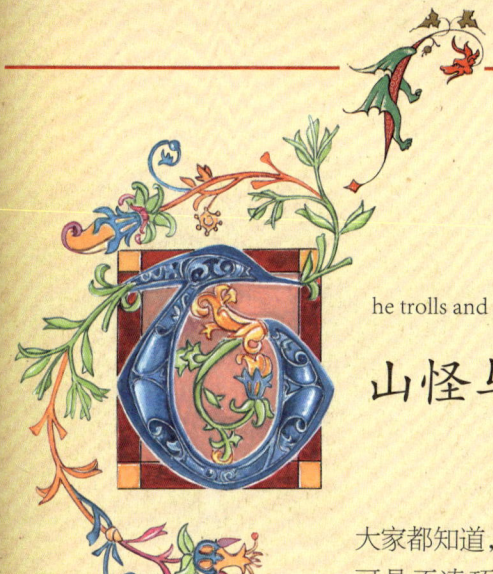

he trolls and the humans

山怪与人类

大家都知道，山怪不喜欢人类。可是不凑巧，3只山怪和3个人要坐船过河。于是，他们只好同意一起过河，但要满足两个条件：每次过河，船上不能多于2个；同一岸边有人和山怪的情况下，山怪数量永远不能多于人的数量。那么他们该怎么过河呢？

答案在第220页

he weight of numbers

数字重量

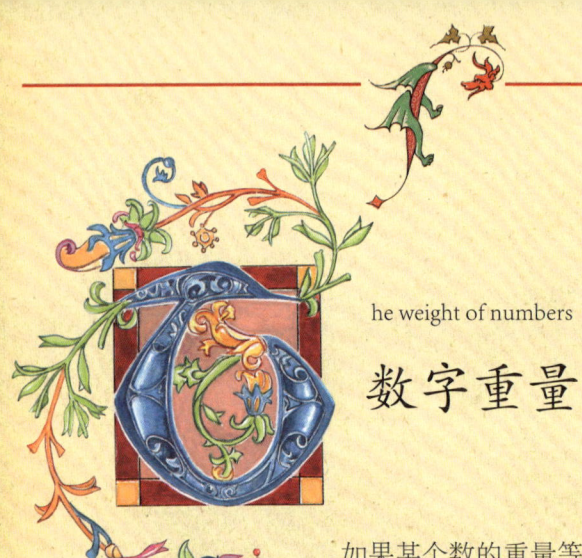

如果某个数的重量等于构成这个数的数字相加的总和，请问重量为25的数中最小的那个数是什么？

答案在第221页

entamidoku

五格数独

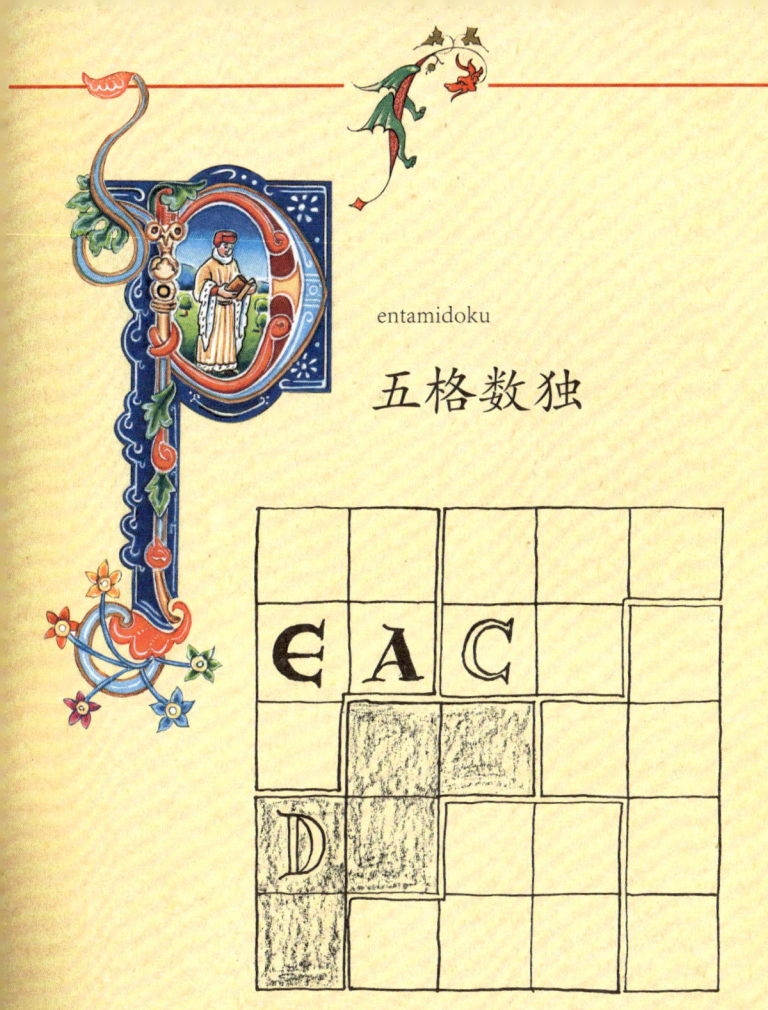

这道题融合了数独和五格骨牌的规则。

要求在每个五格骨牌内,填入字母A,B,C,D,E,使每一行每一列中的字母不重复。

答案在第222页

Naked egg

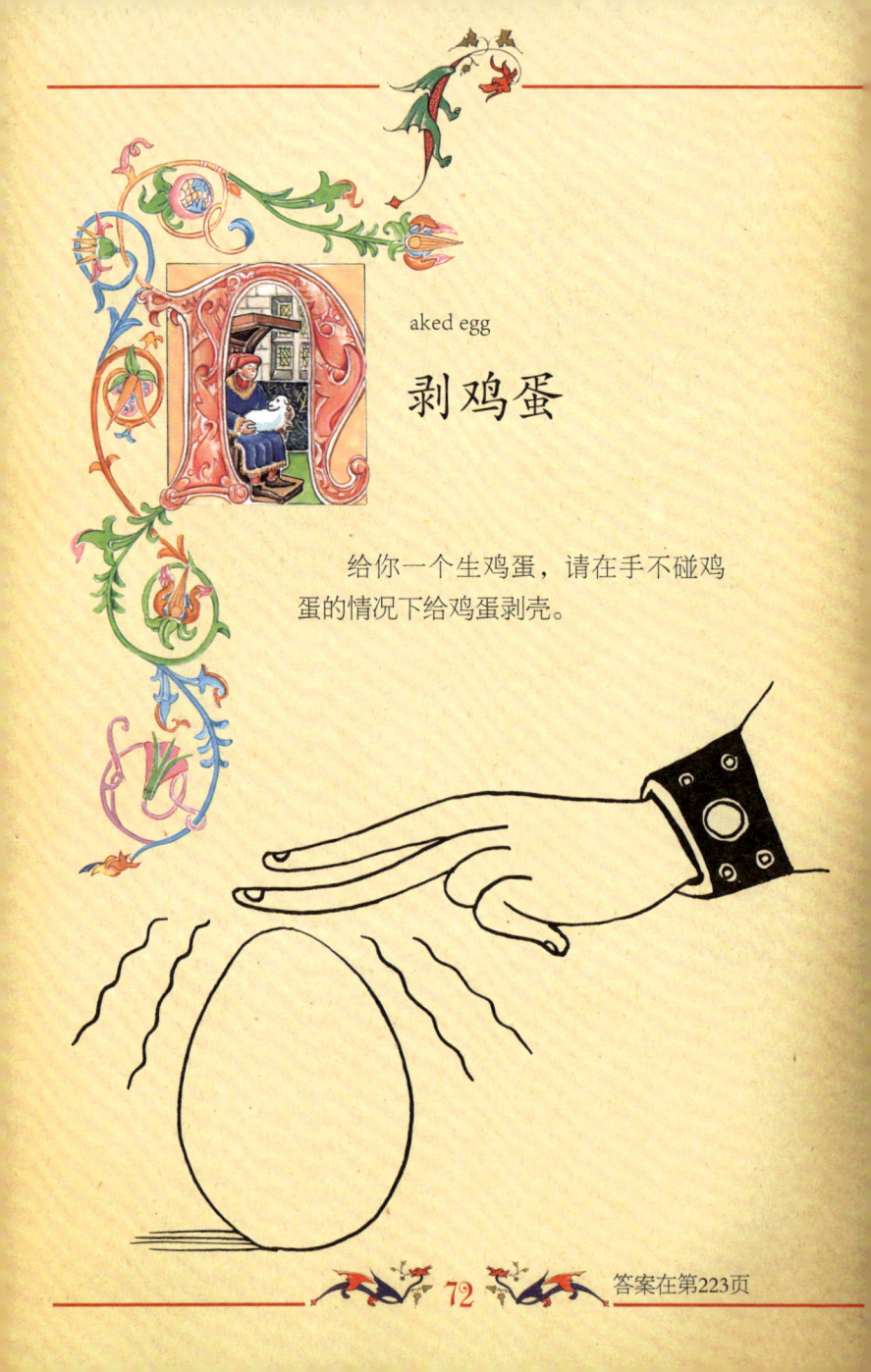

剥鸡蛋

给你一个生鸡蛋,请在手不碰鸡蛋的情况下给鸡蛋剥壳。

答案在第223页

heers

干杯

苏瓦松战争胜利后,克洛维安排了一场盛大的宴会与将士们共同庆祝。

宴会高潮时,司法官在宴会楼上睡觉,但由于太吵怎么也睡不着。

当宾客们为庆祝胜利而干杯时,司法官清楚地听到了36下酒杯碰撞的声音。

他能不能据此推断出当天晚上有多少客人呢?

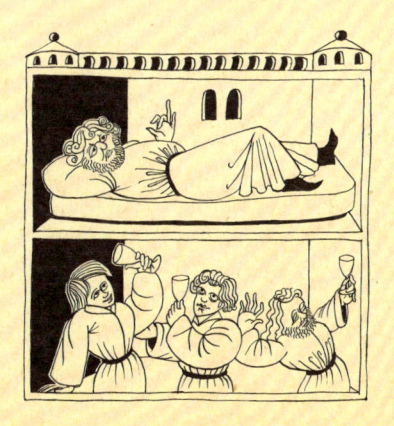

答案在第224页

here are the cubes

方块在哪里

如下图所示，还需要增加多少小方块才能凑成一个大方块？

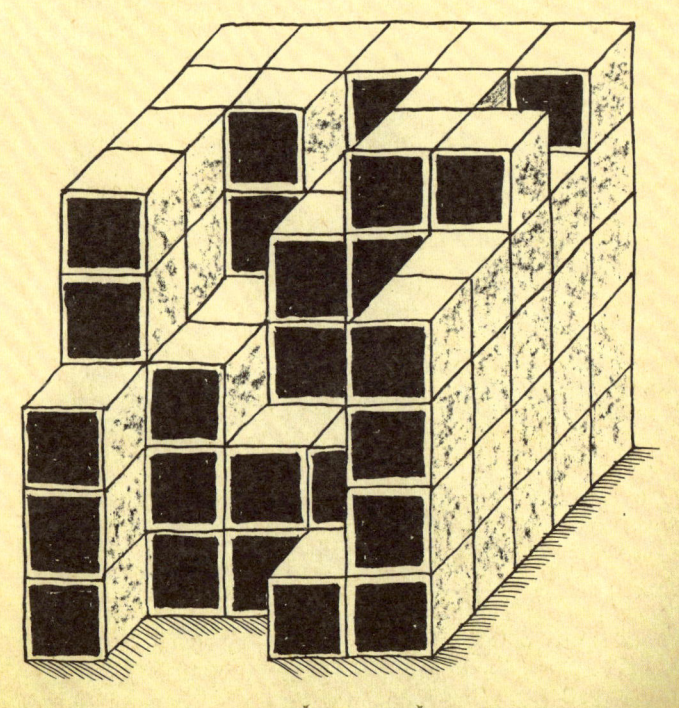

答案在第225页

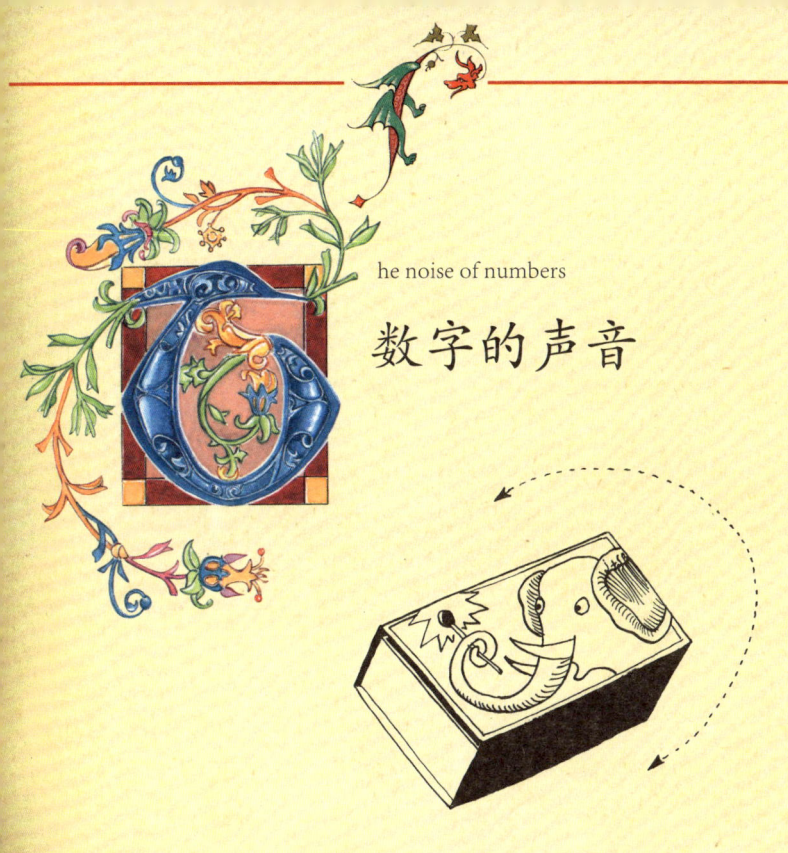

he noise of numbers

数字的声音

这个游戏你练习几次就可以掌握其中的窍门。

拿一盒火柴（含80根火柴）给你的朋友。让他随便从里面拿出一些火柴。然后再让他从剩下的火柴中拿出所剩火柴数的两位数字之和。例如盒子里剩下45根火柴，那么需要拿出4+5=9根火柴。所以现在火柴盒里还剩下45-9=36根火柴，当然你是不知道的。但是，你可以拿着火柴盒摇晃一下，然后自豪地告诉你朋友里面还有多少根火柴。你知道其中的秘诀吗？

答案在第226页

ne prophecy

马斯的预言

马斯预言:"2052年将是黑暗的一年,因为这一年是从13号星期五开始的。"你还敢庆祝新年吗?

答案在第227页

he light switch

哪个开关

在你房子的地下室里，有三个处于关闭状态的开关，其中只有一个开关控制着楼上的灯泡！现在你在地下室里，看不到楼上的灯，但你想只爬一次楼就确定连接到灯泡上的正确开关是哪一个，你该怎么做呢？

答案在第228页

五个三角形

ive triangles

在一座大教堂的建筑工地上，有个伙计正在想一个问题：如图所示，如何移动5根火柴得到5个三角形？

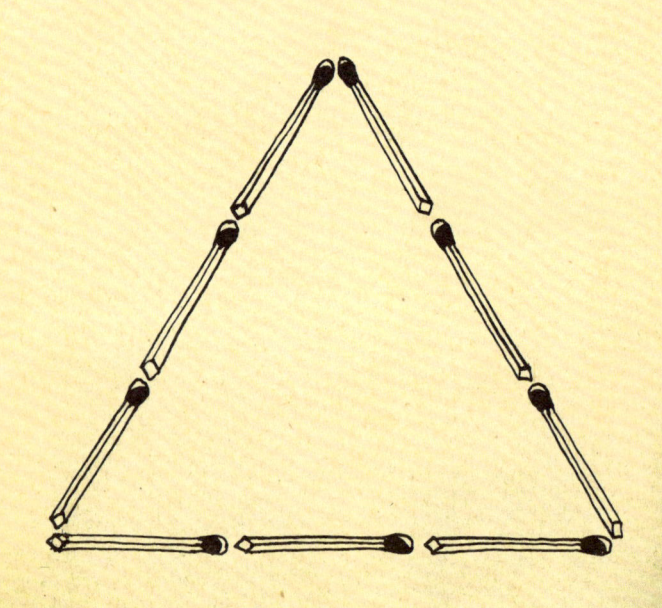

答案在第229页

our triangles

四个三角形

请看下图，如何移动5根火柴得到4个相同的三角形？

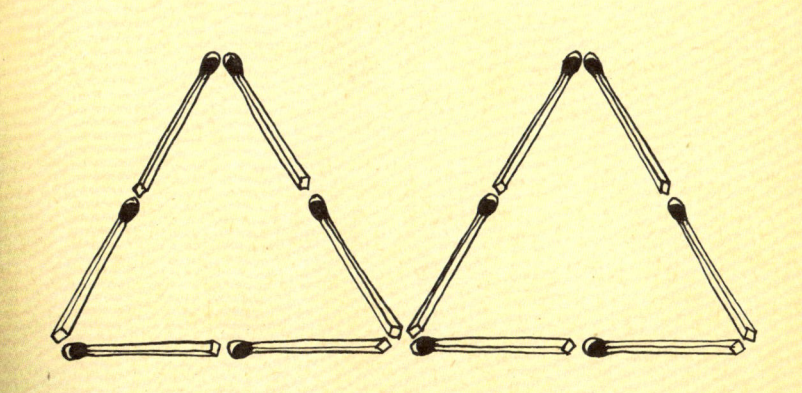

答案在第230页

yramid of glasses

杯子金字塔

城堡里正在举行宴会，一名仆人想要活跃一下气氛。他给来宾们出了一道题：用三个杯子摆出一个三角形。随后，让宾客在三个杯子上放置第四个杯子。为了完成任务，他给每个人三把餐刀，餐刀比两个杯子间的距离要短。请问来宾们该如何完成挑战呢？

答案在第231页

ount fingers

手指乘法表

相信很多人都知道9的乘法表：$1 \times 9 = 9$，$2 \times 9 = 18$，等等。乘法表很难记，但是只要数你的手指就永远不会忘掉它！你知道怎么做吗？

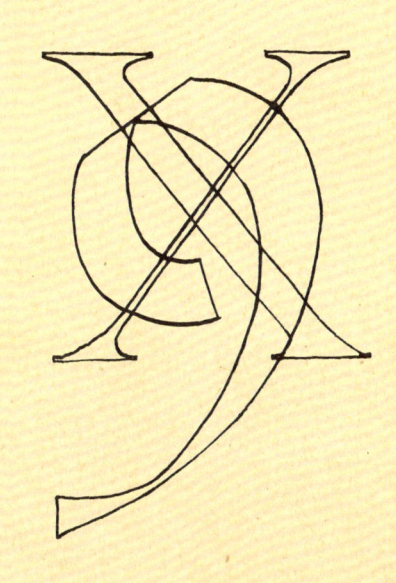

答案在第232页

Chess and math

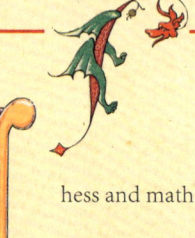

象棋与数学

泰博和克洛尔每周都会一起下国际象棋。上周一，他们进行了五场比赛，但是两人赢的场数一样多，没有一场是以平局或者失败告终的。这是为什么呢?

答案在第233页

wonderful equality 1

会变的等式（一）

下面的等式是不成立的：V-I=IX。如何只移动一根火柴使等式成立？

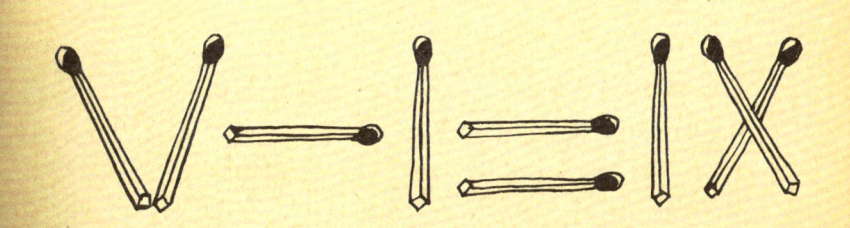

V-I=IX

答案在第234页

okers

三堆扑克牌

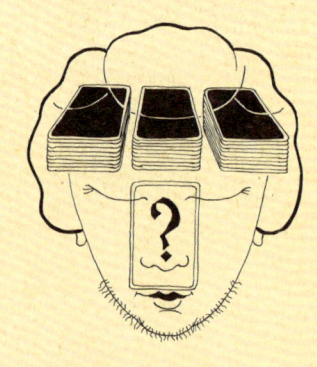

你可以与朋友或家人一起完成这个游戏。

在桌子上放三堆扑克牌，每堆九张牌。

让你的一个朋友或家人看这三堆牌，然后在脑海中选择一张牌，告诉你这张牌在哪一堆里面。

接下来把牌放在一起重新分发两次，每次还是平均分成三堆，让他告诉你他选的那张牌在哪一堆里。然后把所有牌重新摞到一起，把最上面的两张牌放在桌子的一边，接着把上面的两张牌放在扑克底部。然后再把顶部的两张牌放在桌子的一边。重复前面的动作，直到你只剩下一张牌：恰好是你朋友或家人选择的那张牌！想一想，找出这张牌的秘诀是什么？

答案在第235页

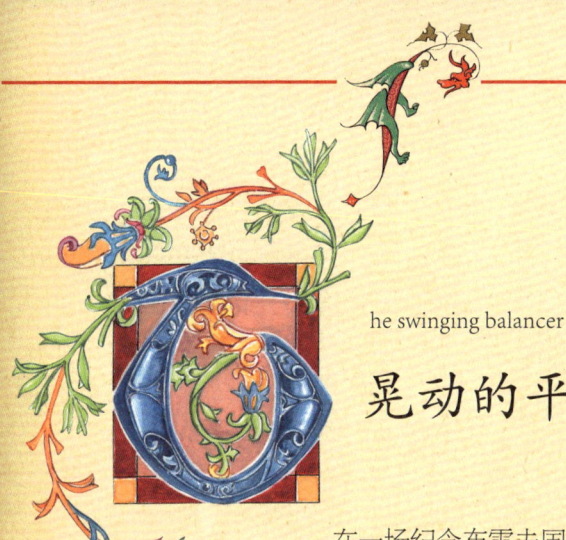

he swinging balancer

晃动的平衡棒

在一场纪念布雷夫国王的演出中，有一位走钢丝的杂技演员要从钢丝上穿过城堡的院子。他的两手掌心向上托着平衡棒以保持平衡，两手相距80厘米。快到钢丝末端时，他的粗心又笨拙的助手把另一根长约120厘米的平衡棒放到杂技演员手里。但是，助手没把平衡棒居中递给杂技演员，导致平衡棒的一头离杂技演员的手很近。为保持平衡，杂技演员将两只手以同样的速度缓慢靠近。那么平衡棒会从哪一侧掉下去呢？

答案在第236页

ow many rectangles

多少个矩形

如图所示,这个几何图形是一个城堡庭院的地面,你知道它有多少个矩形吗?

提示:正方形是特殊的矩形。

答案在第237页

he fifteen doors

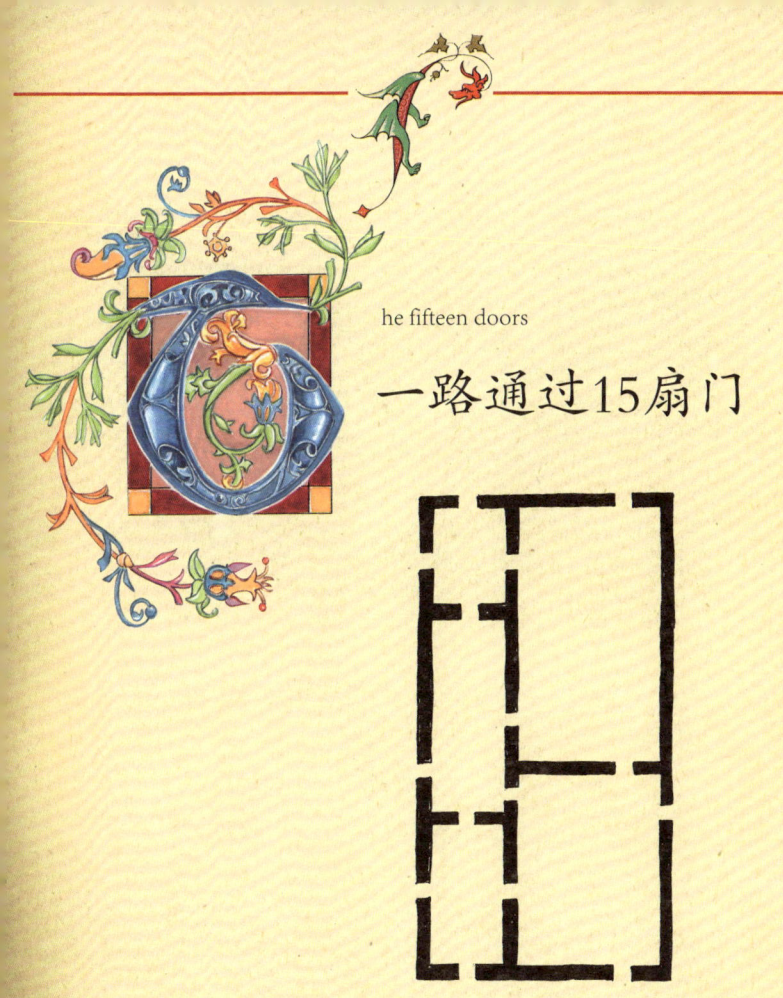

一路通过15扇门

学监要求阿德马尔在晚上把城堡的所有门都锁上。他走哪条路才能一次全部经过这15扇门呢？提示：这条路可以从城堡内部开始。

答案在第238页

Letters

字母变数字

$$\begin{array}{r} ab \\ \times\ c \\ \hline de \\ +fg \\ \hline hi \end{array}$$

将1至9的数字填写在竖式字母上使其成立。
注意：每个数字只能用一次。

答案在第239页

ive squares 1

正方形魔法（一）

集市上有一个诗人用火柴组成了5个正方形的图案。

他想移动4根火柴，使这个图案变成4个相同的正方形，你知道怎么做吗？

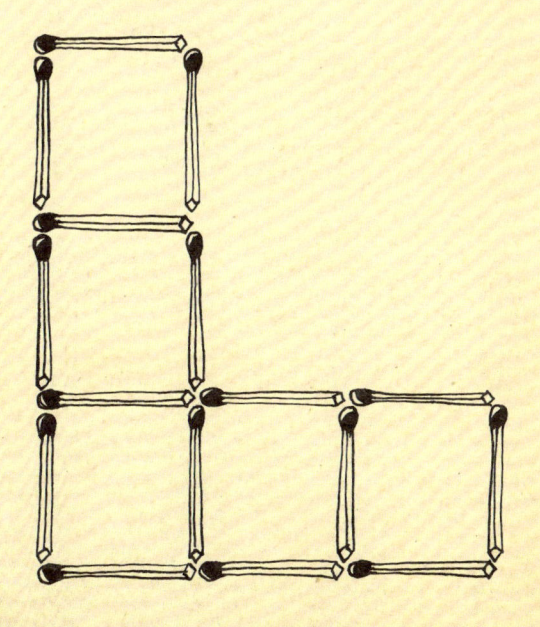

答案在第240页

ive squares 2

正方形魔法（二）

现在，他想移动2根火柴，使这个图案变成4个相同的正方形，你能帮帮他吗？

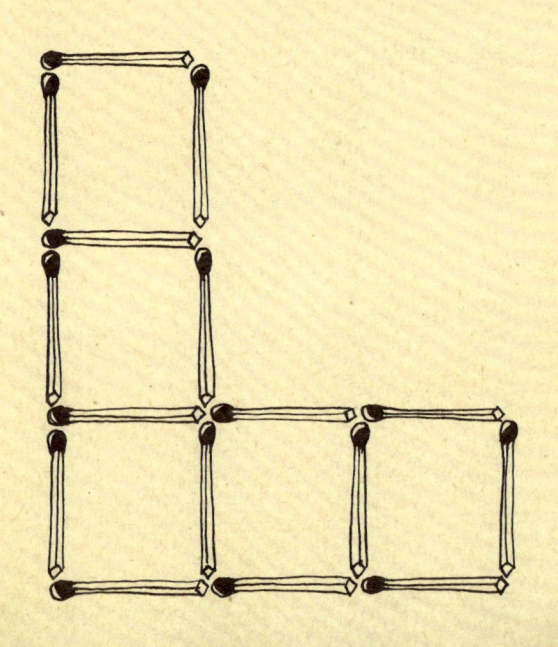

答案在第241页

Bounce
掉落的水晶杯

为什么水晶杯掉下来时只在最后一次反弹时破碎?

答案在第242页

hree diamonds in boxes

钻石与盒子

你有三颗不同尺寸的钻石和两个盒子。

请把这些钻石放进盒子里,使每个盒子里装着奇数颗钻石。

book up on top

顶书立地

如何把一本书放在一张立着的羊皮纸上并保持平衡?

答案在第244页

ive circles

五个圆圈

用数字1到9代替圆圈中的"十"字,使每个圆圈的数字之和相等。

注意:每个数字只能使用一次。

eads or tails

翻转硬币

克洛泰尔三世有些无聊，为了消遣，他在桌子上摆了16枚硬币，如下图所示。

他需要把6枚硬币翻面才能使含有翻面硬币的每一行和每一列都有偶数个翻面的硬币。他该怎么做呢？

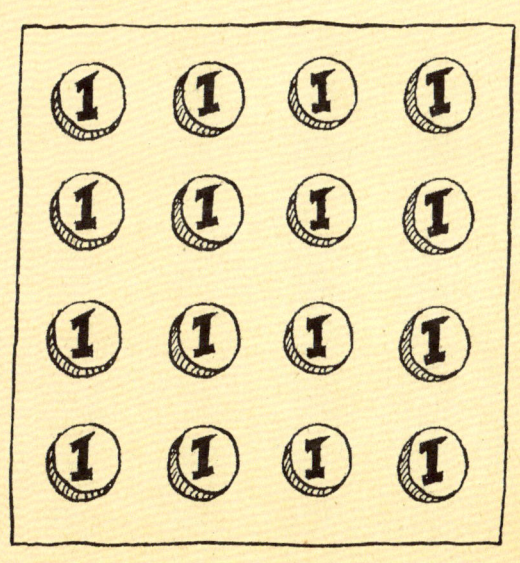

答案在第246页

hread and ring

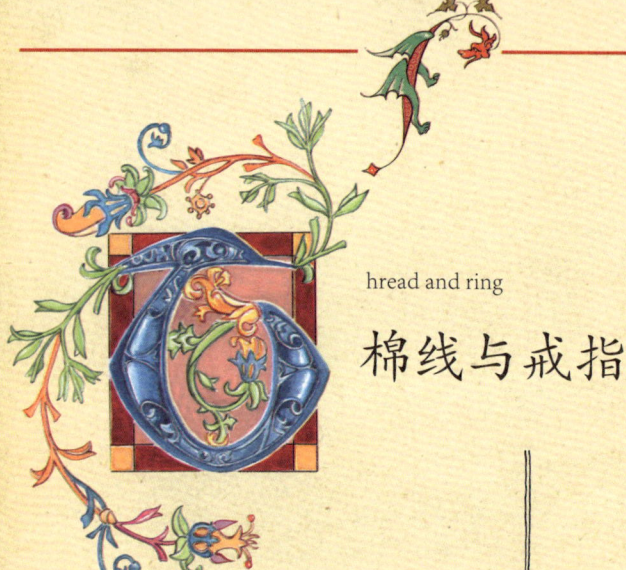

棉线与戒指

把一根棉线切成两段，每一段大约50厘米长。

把其中一根棉线给你的朋友，让他在这根线的末端系上一枚戒指，然后点火：棉线燃烧起来，断掉了，戒指也掉了。到目前为止，一切正常……

现在，你拿起另一根棉线，重复同样的操作。但这一次，你会看到棉线燃烧起来却没有断，戒指也没掉！

这里面有什么诀窍吗？

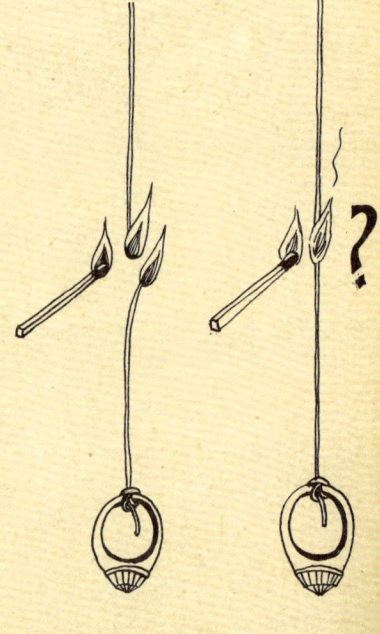

答案在第247页

rawing numbers

图形编号

如果要给这个几何图形的每个面写上编号，一共要标多少个数字？

答案在第248页

igital games

数字游戏

将0至9填入下面的乘法公式中使其成立。

注意：每个数字只能使用一次，数字3已经使用。

$$\begin{array}{r} 3 \\ \times\ \_\ \_\ \_\ \_ \\ \hline \_\ \_\ \_\ \_\ \_ \end{array}$$

答案在第249页

Drilling with straw

在土豆上钻孔

用一根吸管就可以穿透土豆而且吸管不弯折,有可能吗?

答案在第250页

lace pillars

排列柱子

建筑师要在沙特尔大教堂下建造一个洞穴。为了保证大教堂的整体结构不受损坏，他必须在大教堂的地下部分竖立7根柱子，要求一行立3根柱子，总共排成五行，他要如何实现呢？

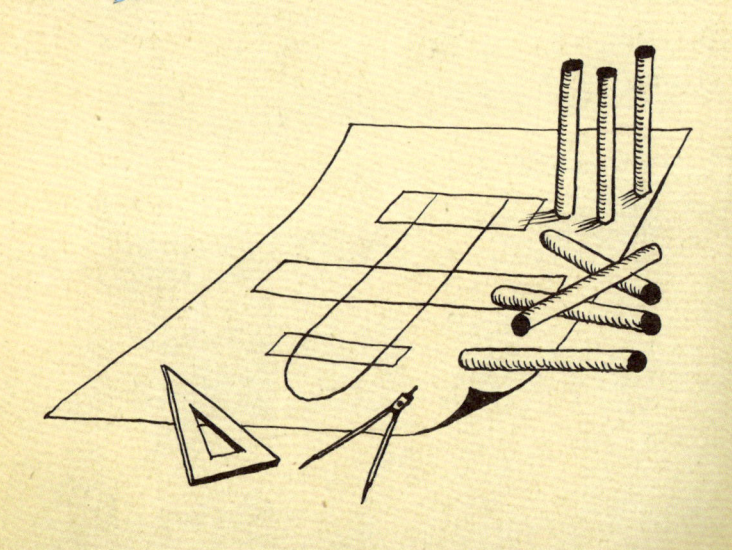

答案在第251页

hree Queens

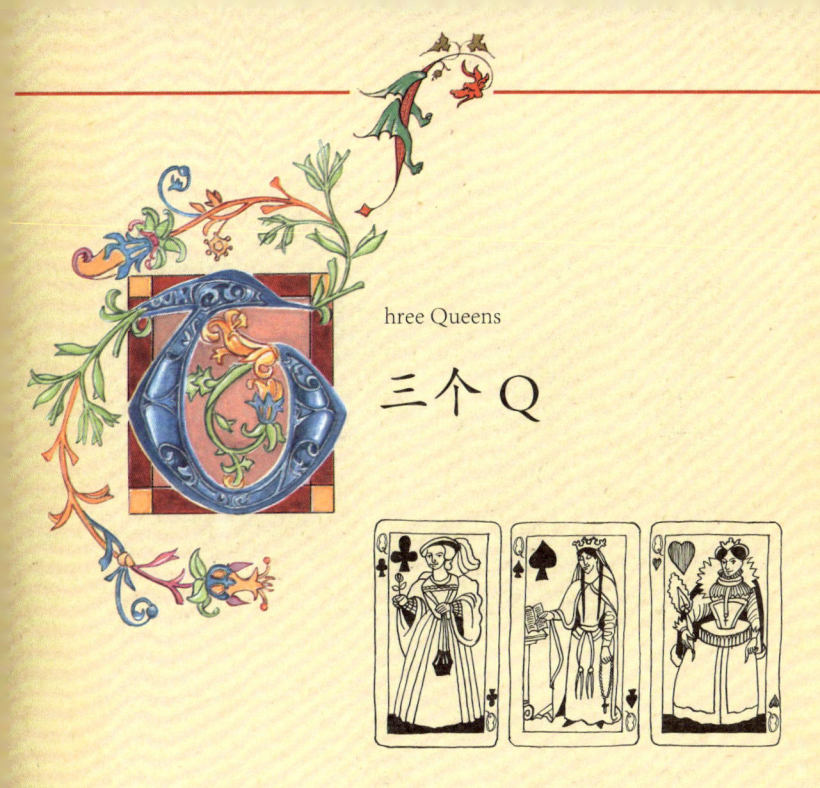

三个 Q

把梅花Q、黑桃Q和红桃Q随意排列在你面前,正面朝上。我背对牌,看不见牌。

我告诉你:"把黑桃Q和它右边的那张牌交换一下;如果没有牌,什么也不用做。把红桃Q和它左边的牌交换一下;如果没有牌,什么也不用做。把梅花Q和它右边的牌交换位置;如果没有牌,什么也不用做。把红桃Q和它右边的牌交换一下;如果没有牌,什么也不用做。把这三张牌翻过去背面朝上,这样我就看不见了。"我转过身来那一刻,就可以告诉你中间的牌是什么。

这个游戏的秘诀是什么呢?

答案在第252页

Ride time

骑行时间

一辆德耐式自行车的时速为60千米,一辆马车的时速为45千米。马里奥骑自行车,杰利森驾驶马车,他们俩同时出发,请问经过多长时间的行驶后,马里奥即使停5分钟也不会被杰利森追上?

wonderful equality 2

会变的等式（二）

下面的等式是错误的。
请移动两根火柴使等式成立。

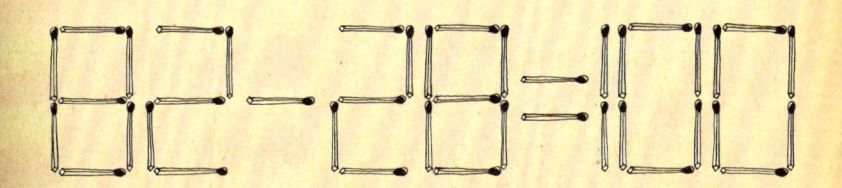

82-28=100

ree the circle

解开圆环

用一根绳子穿过圆环并将圆环转一圈（如图A和图B）。

用绳子的另一端穿过这个圆环（如图C）。

让你的一个朋友抓住绳子的两端，你来拉圆环，圆环出来了（如图D）！

然后把圆环和绳子恢复成原来的样子，让你的朋友拉圆环，他却没有成功地拉出圆环……

这是为什么呢?

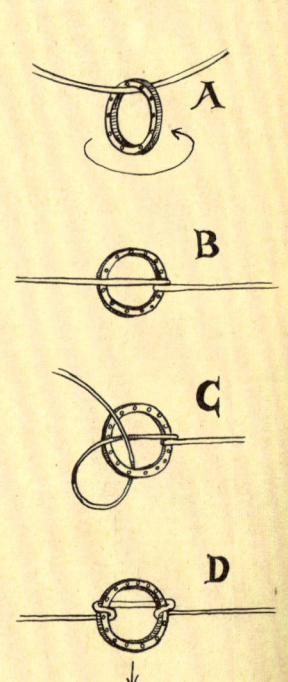

答案在第255页

ddition and subtraction

数字加减

去掉12个数字,让每一行和每一列留下4个数字,且每一行和每一列的数字相加都是20。

7	5	5	3	6	2
8	1	7	6	5	1
5	8	4	3	4	5
4	6	8	1	2	9
1	2	8	4	7	8
6	5	3	7	4	5

答案在第256页

agic holes

神奇的洞

如果你把一张纸连续对折5次，然后剪掉所得矩形的4个角。这时候你把纸展开，会看到多少个洞？

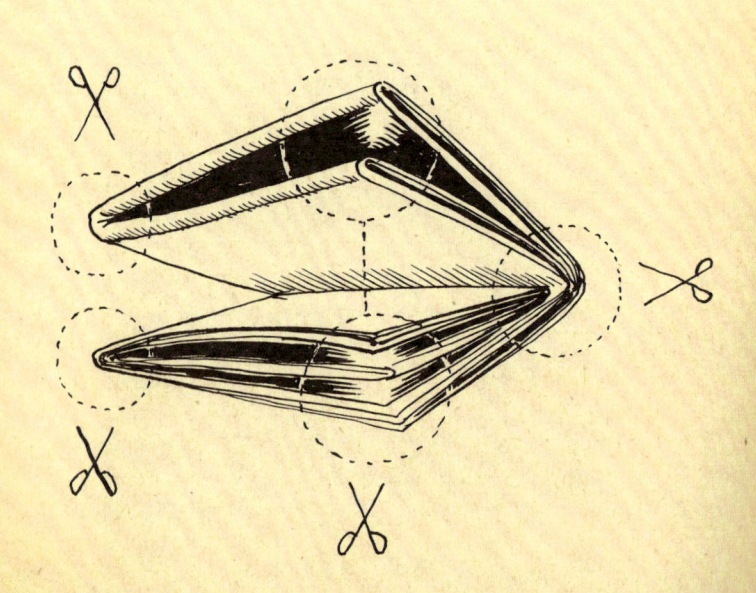

答案在第257页

eversing cards

卡片转向

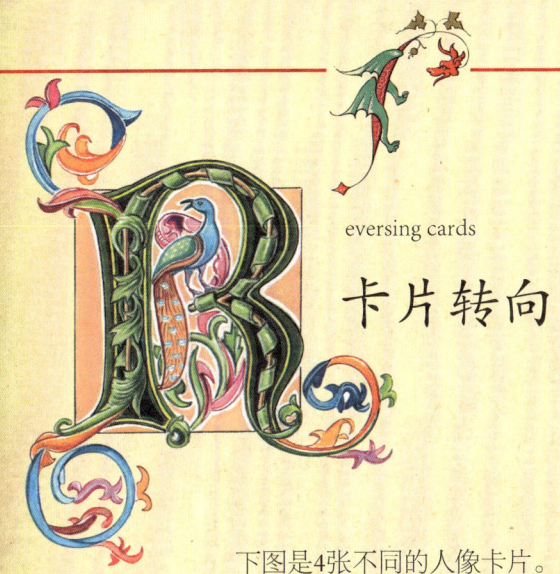

下图是4张不同的人像卡片。

每次翻动3张卡片,最多翻动4次,将所有卡片的人像头朝下。你能做到吗?

答案在第258页

strange hotel

旅馆魔术

12个杂耍艺人来到普罗万集市的一家客栈。客栈老板告诉他们，虽然只有11个房间可用，但他可以解决这个问题。随后他把两个杂耍艺人带到1号房间，让他们耐心等待，直到有一个房间空出来。然后他把第三个人带到2号房间，第四个人带到3号房间，第五个人带到4号房间，第六个人带到5号房间，以此类推，第十一个人在10号房间。然后他回到1号房间，让其中一个杂耍艺人跟他走，把他安排在11号房间。这样，客栈主人将12个人成功地安排在了11个房间里。

他是怎么做到的呢？

答案在第259页

ive into nine

会变的正方形

请移动8根火柴，使原来的5个正方形变成9个正方形。

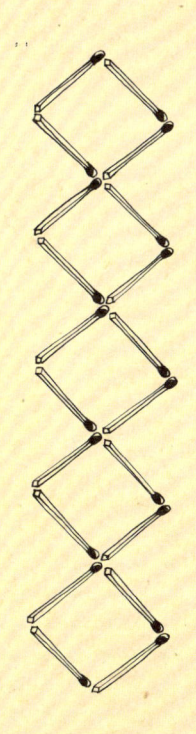

答案在第260页

n incredible balloon

不可思议的气球

一位民谣歌手对前来参加圣约翰节的观众说:"我可以用一根毛衣针刺穿一个气球,而气球不会破裂或撒气。"这是为什么呢?

答案在第261页

bout π

π的近似值

试试这个奇怪的实验：

取100根长度为5厘米左右的针，在地上或在白纸上画一些平行线，平行线间隔等于针长度的两倍，也就是10厘米左右。然后，随机让针一根一根地掉到平行线上。现在把针的数量，也就是100，除以针与任意平行线相交的次数。

你发现什么秘密了吗？

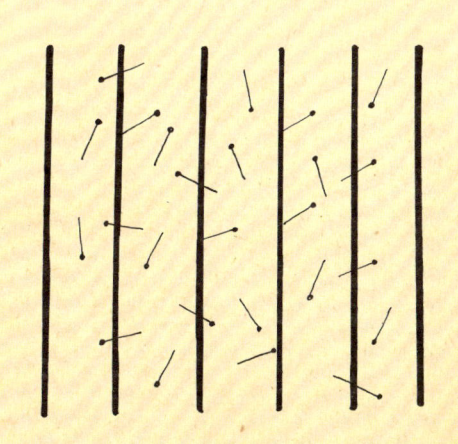

答案在第262页

ube angle

立方体的夹角

如何快速计算立方体表面两条虚线之间形成的夹角？

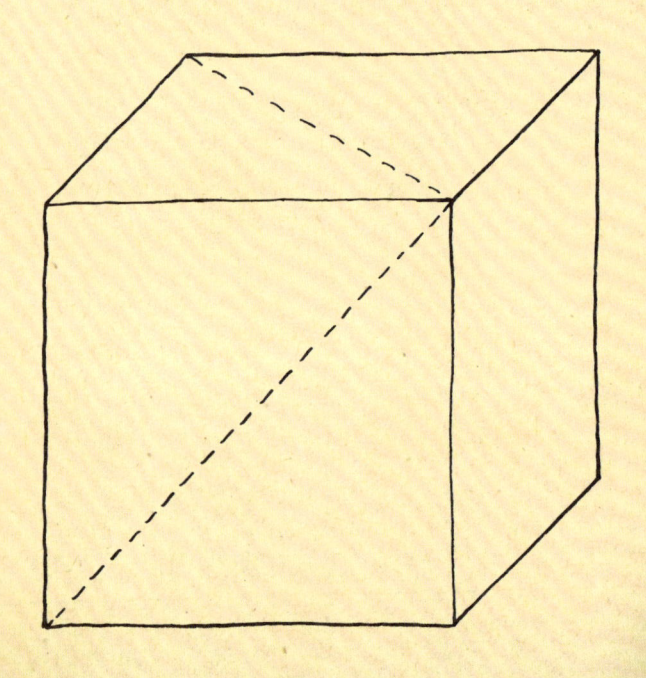

答案在第263页

yclists' workdays

赛车手的工作日

人们常说旅行是累人的，这种说法正确吗?

环法自行车赛的选手平均每天骑行8小时，占一天总时间的$1/3$。

因此，他们每年的工作时间相当于365天的$1/3$，即大约122天。

但是他们在一周的最后两天（即周末）休息，也就是104天。

因此，从122个工作日中减去104个工作日，他们只剩下18个工作日。

但是，法定假期和个人年假总和每年超过18天。

结论：环法自行车赛的选手不需要工作!

这显然是错误的，为什么呢?

答案在第264页

it the target

正中目标

在普罗万集市上，有个摊位正在举行投掷刀子游戏。

如果玩家成功击中目标一次，他就可以获得再次投掷两把刀子的奖励。安格斯决定碰碰运气。已知比赛开始时他拿到了5把刀子，总共扔出17把刀子，那么安格斯击中目标的次数是多少？

答案在第265页

长方形变正方形（二）

ectangle to square 2

如图所示，一位老师要求他的学生只移动3根火柴，使3个长方形变成6个正方形，你知道怎么做吗？

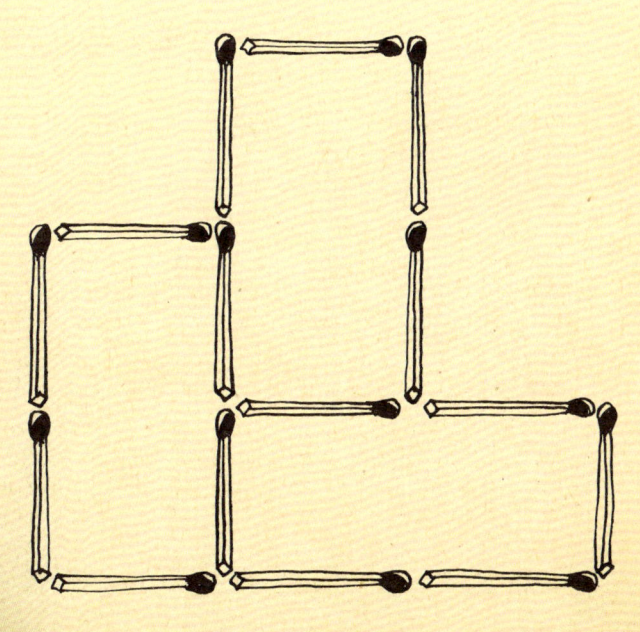

答案在第266页

ectangle to square 3

长方形变正方形（三）

请移动3根火柴，使以下图形变成3个正方形。

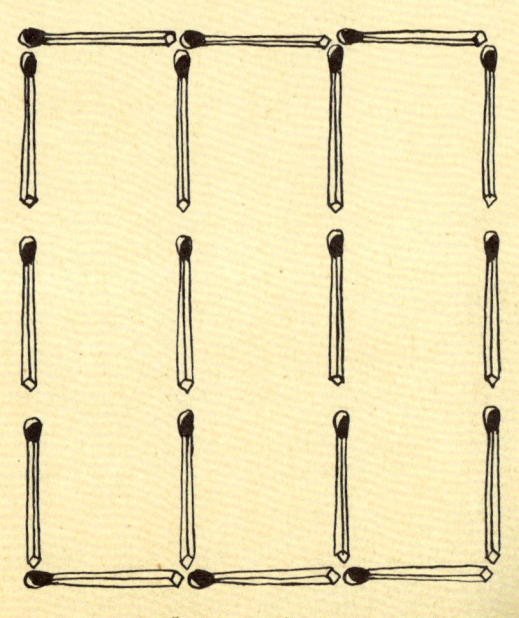

he number found

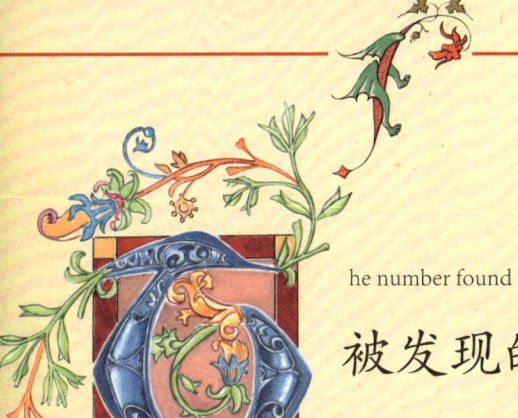

被发现的数字

如图，有A，B，C，D，E，F六张卡片。请在1到63之间选择一个数字，告诉我这个数字出现在哪张卡片上，我就可以揭开你心中的那个数字的面纱。这个游戏的诀窍是什么？

A:
1	3	5	7	9	11	13	15
17	19	21	23	25	27	29	31
33	35	37	39	41	43	45	47
49	51	53	55	57	59	61	63

D:
8	9	10	11	12	13	14	15
24	25	26	27	28	29	30	31
40	41	42	43	44	45	46	47
56	57	58	59	60	61	62	63

B:
2	3	6	7	10	11	14	15
18	19	22	23	26	27	30	31
34	35	38	39	42	43	46	47
50	51	54	55	58	59	62	63

E:
16	17	18	19	20	21	22	23
24	25	26	27	28	29	30	31
48	49	50	51	52	53	53	54
55	56	57	58	59	60	61	62
63							

C:
4	5	6	7	12	13	14	15
20	21	22	23	28	29	30	31
36	37	38	39	44	45	46	47
52	53	54	55	60	61	62	63

F:
32	33	34	35	36	37	38	39
40	41	42	43	44	45	46	47
48	49	50	51	52	53	54	55
56	57	58	59	60	61	62	63

答案在第268页

dible candle

可以吃的蜡烛

查理曼大帝生日那天，亚琛堡的主人特意准备了杏仁蛋糕。蛋糕上桌后，查理曼大帝吹灭蜡烛，开始品尝他的蛋糕。查理曼大帝素有食量如牛的称号，他狼吞虎咽地吃完了整个蛋糕，好像还不满足，接着他把生日蜡烛也嚼碎吃掉了。

查理曼大帝怎么这么贪吃？

答案在第269页

L arge family

大家庭

在一家酒馆里,一位父亲和一位母亲,一个儿子和一个女儿,一对兄妹,一对表兄妹,一位叔叔和一位阿姨各点了一杯饮料。店主只给他们端来4杯饮料,但是他们都有饮料了。

这是怎么回事呢?

答案在第270页

he naughty monk

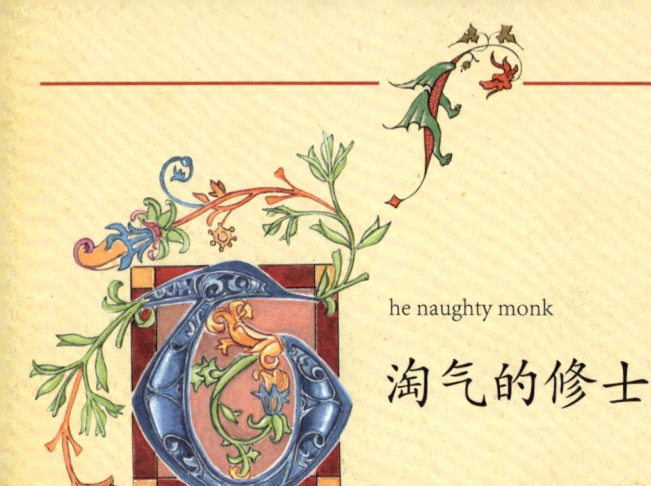

淘气的修士

在灯火通明的房间里,艾蒂安修士正在羊皮纸文稿上做首字母放大的工作。不幸的是,坐在他旁边的贡特兰修士很淘气,他试图用"玩乐尺子"来分散艾蒂安的注意力:他把尺子放在桌子边缘,然后敲尺子从桌面伸出来的部分,结果尺子在落地前飞了出去。

艾蒂安很生气,他决定结束这个闹剧。结果,他只用手头的羊皮纸就制止了贡特兰修士。

他是怎么做的呢?

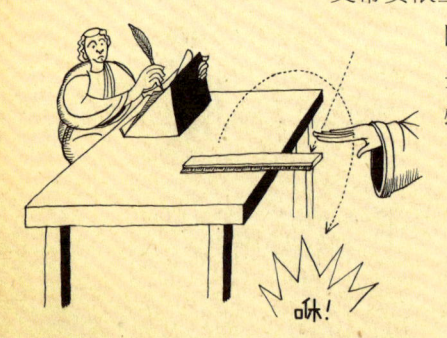

答案在第271页

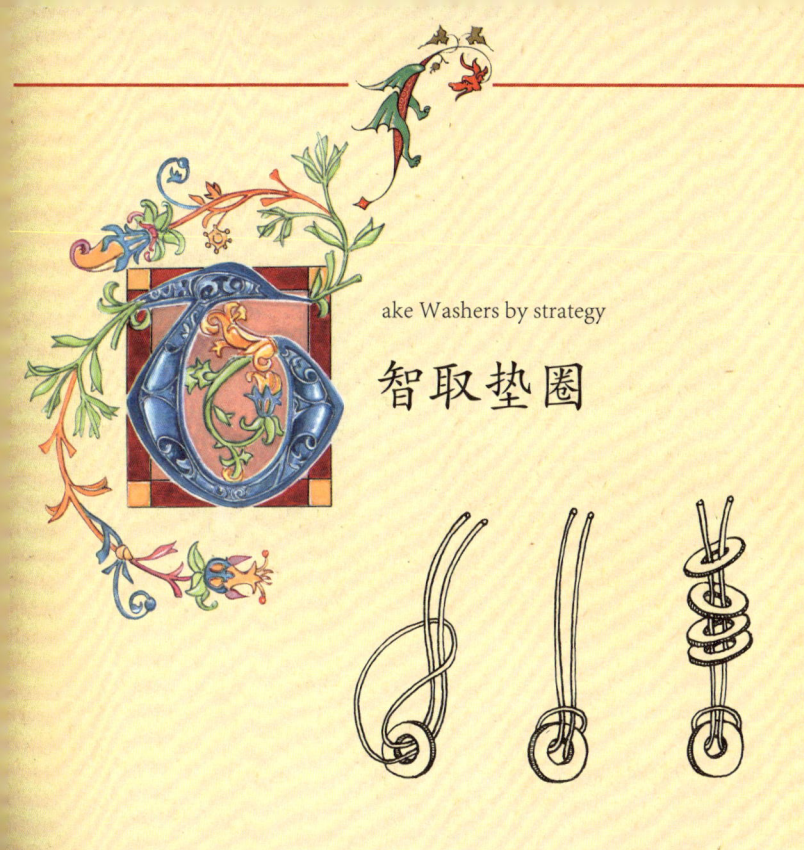

ake Washers by strategy

智取垫圈

拿一根绳对折,把对折的那头穿过垫圈上的圆孔。然后把绳子两端穿入绳子对折后的扣内,并拉紧,让垫圈不能移动。在绳子的两端再穿上4个垫圈。请你的两个朋友分别握住绳子两端不放,并宣布:"我可以不剪断绳子,拿出这四个垫圈。"

然后用一条毛巾盖住你的手和垫圈。几秒钟后,你把手拿出来,手里有4个垫圈!掀开毛巾,会发现第一个垫圈仍然被拴在绳子里……

你有什么秘诀吗?

答案在第272页

wonderful equality 3

会变的等式（三）

下列等式是不成立的，请移动两根火柴使等式成立。

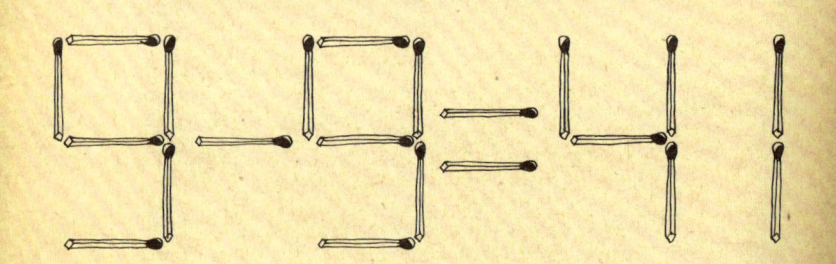

$9-9=41$

答案在第273页

ile a lawsuit

打官司

迈蒙尼德是一位法学博导，他对他的学生说："当你赢得第一场官司时，你要付给我讲课费。"但他的学生没有需要打官司的客户。迈蒙尼德等得不耐烦了，决定采取法律手段来补偿他的付出。于是他把学生告上法庭。在庭审时，迈蒙尼德说："如果我赢了这场官司，你依据法院判决给我付费；如果你赢了，你得按照我们的约定付给我讲课费。在这两种情况下，我都会得到报酬。"

"根本不对！"学生反驳道，"如果我赢了，法院判决我不用付钱给你；如果你赢了，根据我们的约定，我也不必向你付钱。不管是哪种情况，我都不需要给你钱"。他们两人谁是错的？

答案在第274页

agic fork

魔术餐刀

在晚餐结束时,西蒙德勋爵告诉他的客人福尔伯特,他手中的餐刀有神奇的功效。他从果盘中取出一根香蕉,递给福尔伯特检查,香蕉看起来完好无损。西蒙德拿过香蕉,假装用刀切香蕉,但没有碰到它,然后他又把香蕉递给福尔伯特,让他剥皮。福尔伯特剥开香蕉后,发现香蕉被切成了片!

西蒙德的餐刀难道有某种魔力吗?

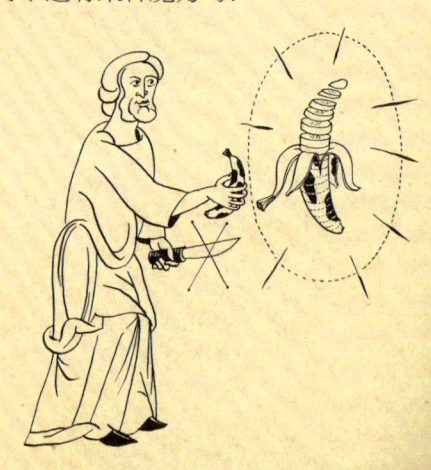

答案在第275页

boat

池塘里的小船

池塘中有一条小船，船上的渔夫觉得有点累，决定打个盹并抛出了拴着绳子的锚。

请问池塘的水位是上升了还是下降了？

答案在第276页

ence line

围栏连线

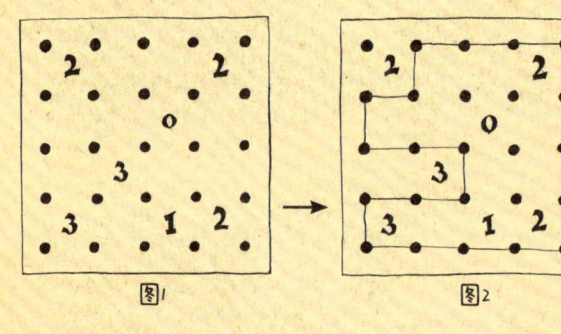

图1

图2

图3

从任何一点开始，连接另一点（对角线除外），画出一道围栏，使图中的数字与环绕它所画的线条数量一致（请看图1和图2）。

现在请连接图3的数字。请注意，终点必须与起点相连。你能解决这个问题吗？

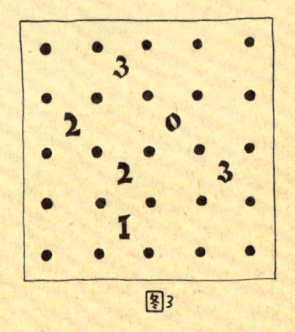

答案在第277页

air trade

公平交易

库内贡德夫人、赫尔曼斯夫人和埃德曼加夫人是朋友，在鲜花节闭幕宴会上，库内贡德夫人带来5道菜，赫尔曼斯夫人带来3道菜，埃德曼加夫人没有带任何菜肴。3个朋友平分了带来的食物。埃德曼加夫人提出付钱给库内贡德夫人和赫尔曼斯夫人，并拿出8个钱币。赫尔曼斯夫人提议按以下方式分钱：带来5道菜的人拿5个钱币，带来3道菜的人拿3个钱币。

但这种计算方式并不公平，为什么？

rey minerals

灰色矿藏

在这个网格中，有些单元格是灰色的，用数字规律表示如下：

网格里的数字表示每个单元格相邻的灰色单元格的数量（相邻的边或者点都算）。

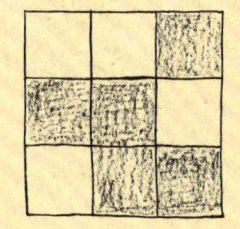

2	3	1
2	4	4
3	3	2

2	2	2
1	4	2
1	3	1

如果网格是这个，你能找出对应的灰色单元格吗？

答案在第279页

he earth is round

地球是圆的

地球的周长约为40000千米。

让我们想象有一条这么长的绳子并将其缠绕在地球上。假设地球是均匀光滑的,如果把绳子挂在离地面1米高的柱子上,绳子所代表的周长会增加,那么我们还需要多少米的绳子呢?

答案在第280页

ixteen cards

排列扑克牌

把下图的16张扑克牌重新排列，使每一行、每一列和两条对角线上的图形和花色都不重复。

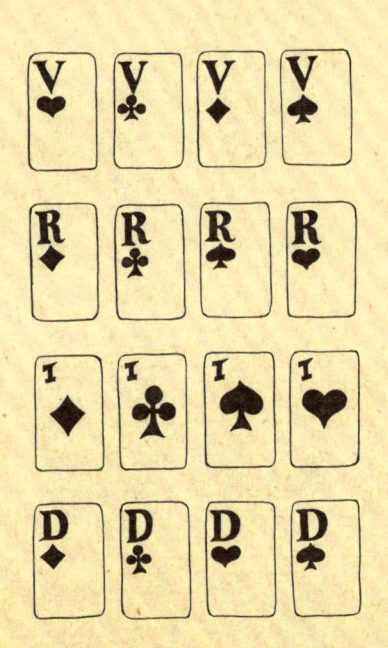

答案在第281页

he house number

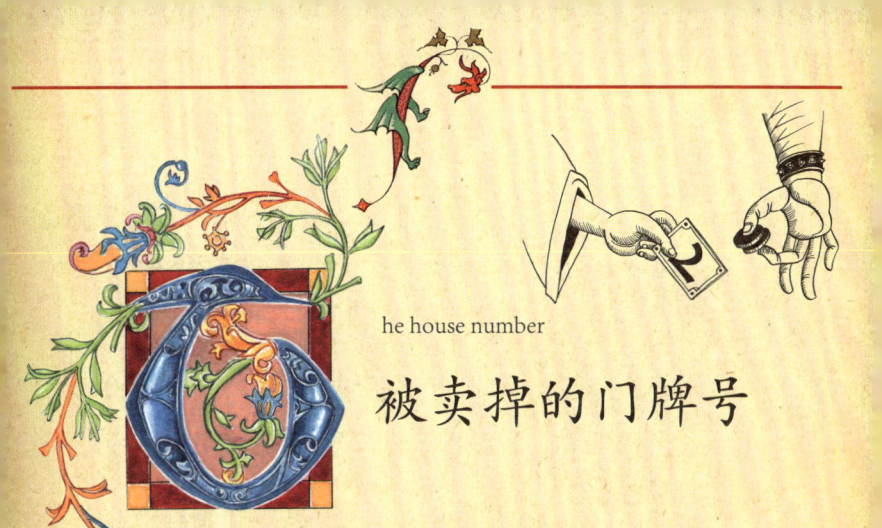

被卖掉的门牌号

有个小偷偷了一条街上三座相邻房屋门上的铜质门牌号。

为了拿到钱,他决定把它们卖给一个赃物回收人。而这个人愿意按照以下规则回收赃物:1个钱币换数字1,2个钱币换数字2,3个钱币换数字3……10个钱币换数字0。

我们知道:

· 左边房子门牌号虽小,却比中间门牌号多卖1个钱币。

· 右边房子数字大,却比中间门牌号少卖7个钱币。

· 这条街有160间房屋,平均分布在街道两侧。

那么中间房屋的门牌号可能是什么数字?

答案在第282页

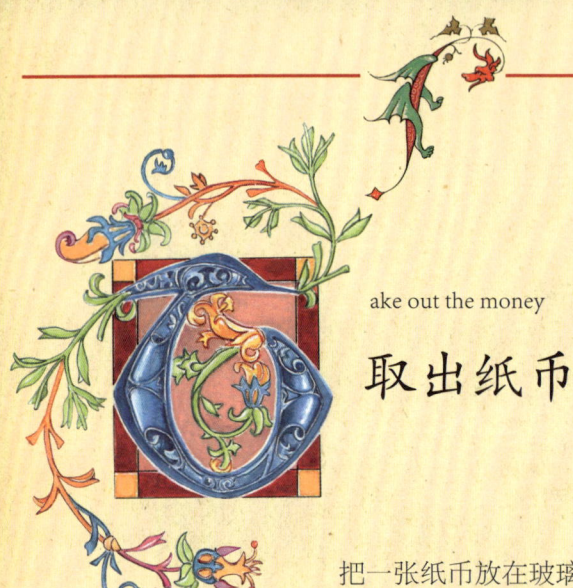

Take out the money

取出纸币

把一张纸币放在玻璃杯的边缘,然后把三枚硬币放在纸币上,如何在不碰硬币且不让硬币掉下来的情况下取出纸币?

答案在第283页

atches 1

火柴阵列（一）

王子们的一个保姆为了逗他们开心，带他们玩火柴阵列游戏。如图所示，如何从图中移动4根火柴，使之变成3个正方形？

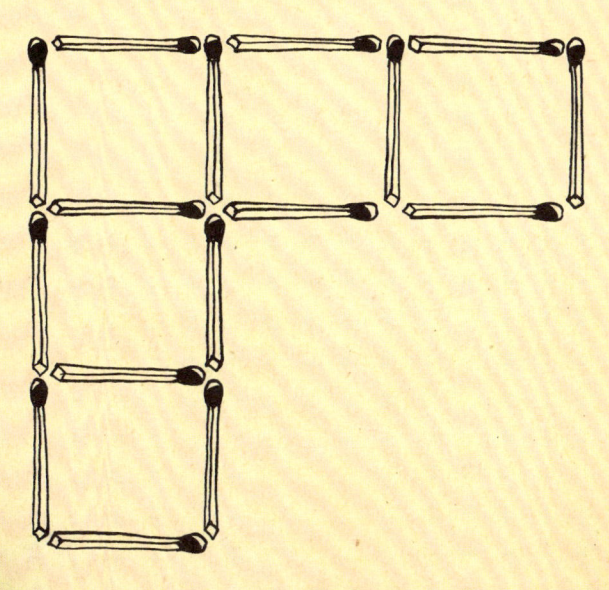

答案在第284页

atches 2

火柴阵列（二）

如图所示，保姆又让王子们思考，如何从图中移走4根火柴，使之变成5个正方形？

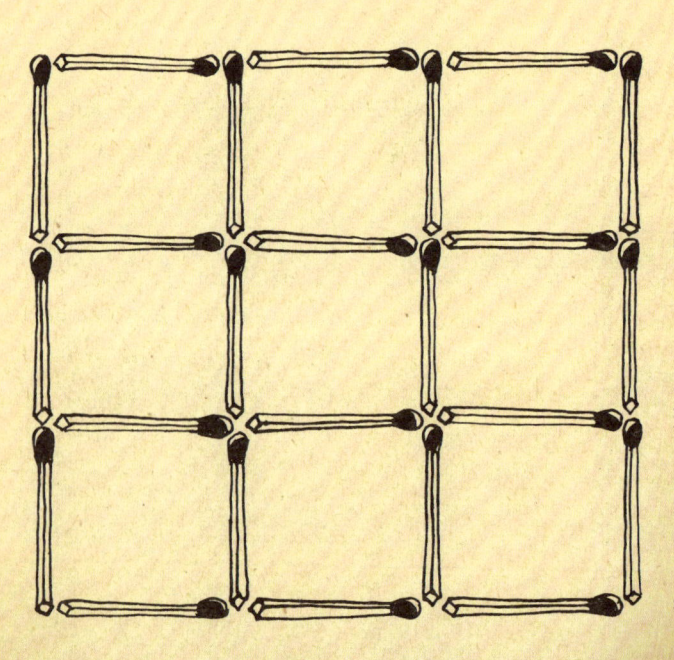

答案在第285页

atches 3

火柴阵列（三）

如图所示，保姆再次让王子们思考，如何从图中移走8根火柴，使之变成8个相同的长方形？

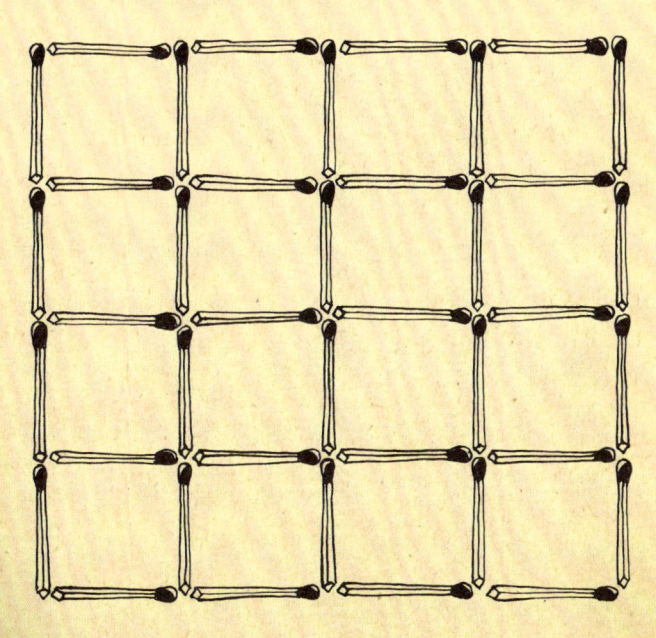

he gems

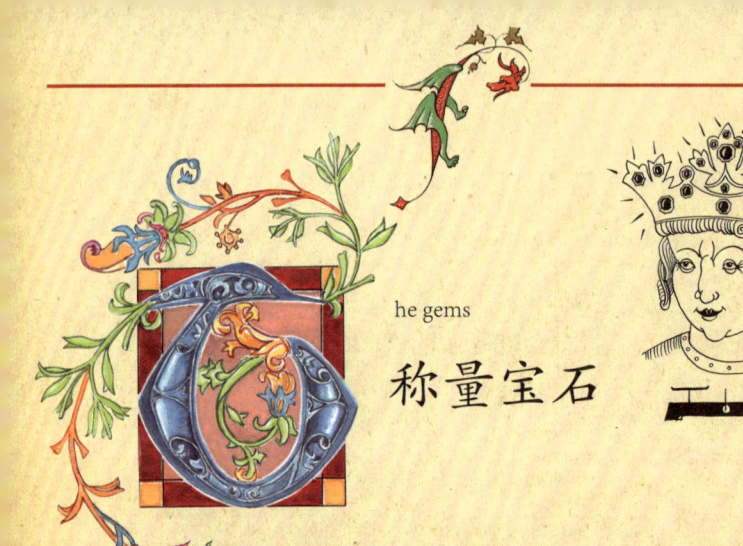

称量宝石

国王路易六世想用宝石制作一顶王冠。他请来鲁特西亚最有名的金匠。为了圆满完成任务，金匠准备了一个带盘子的天平秤，4个砝码（3克、5克、7克和8克），以及18块1至18克的宝石（1克一块、2克一块，等等）。为了让路易六世未来的王冠保持平衡，他需要在整个王冠上均匀分布宝石的重量。然而，有一颗宝石，他无法直接用天平称出来。请问是哪一颗呢？

提示：他可以通过将砝码放在右盘或左盘或两边同时放置来平衡天平。

答案在第287页

he egg

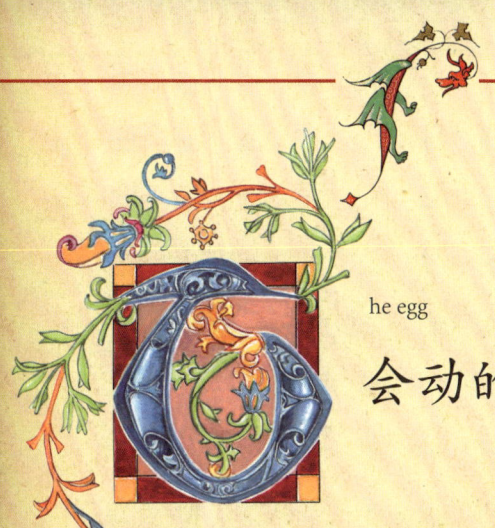

会动的鸡蛋

你面前有一个剥了皮的煮鸡蛋和一个玻璃瓶,瓶口比鸡蛋的直径小。怎样在不挤压也不切割鸡蛋的情况下把鸡蛋放入瓶中?

答案在第288页

ow old are they

猜年龄

如何轻松猜出一个人的年龄和出生月份?

让你的伙伴把他/她出生月份的数字乘以2（1月=1，2月=2，等等），加上5，所得的值再乘以50。接着告诉他把这个结果加上年龄，然后从总数中减去365，最后让他告诉你得到的结果是多少。这样你就可以得出答案了……

答案在第289页

evitation

悬浮取酒

两个仆人正在清理克洛维与克洛蒂尔德结婚宴会上的食物。他们对没能参加庆典感到失望,他们发现盘底有酒,于是试图收集这些酒来享用,但绝不能留下任何痕迹。

怎么才能在不碰盘子的情况下把盘子里的酒放进一个干净的高脚杯里?已知他们有一个小橘子、一盒火柴和一把餐刀。

答案在第290页

easonable number

合理编号

圆桌骑士们要开会。他们中的一些人从王国遥远的地区赶来。按计划,他们都将在城堡里过夜。因此,亚瑟王要求他的行政官准备20个房间,好让他的客人们过夜。为了确保每个人都能找到自己的床位,行政官决定购买20个青铜数字为房间编号。一个数字的价格等于数字本身,即数字1需要1个苏,数字2需要2个苏,以此类推,0的价格为10个苏。

在所有数字必须是相连的情况下,如何才能使成本最小化?

答案在第291页

ews prediction

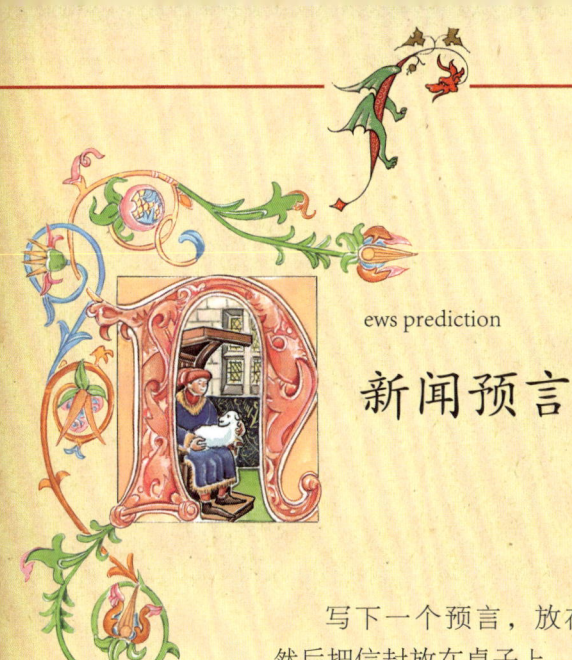

新闻预言

写下一个预言，放在信封里，然后把信封放在桌子上。从报纸上剪下一长条报刊专栏，并对你的一个朋友说："我要从上到下剪这块报纸，当你告诉我停下来的时候，我就剪断这块报纸。"当你的朋友让你停下来时，你剪掉的报纸落在地上。让他拿起掉落的报纸，大声朗读纸条顶部的第一行，然后让他打开信封，检查你的预言。结果信封里的预言文字与他刚刚读的句子一样。太神奇了。你能解开这个谜团吗？

答案在第292页

cross the bridge

卡车过桥

一辆卡车要从巴黎开到里昂。在它出发前,它的总重量正好是两吨。走到半程时,卡车要通过一座桥,桥的最大承重量是两吨。超过两吨,桥就会倒塌。卡车开到桥上时,一只鸽子落在了车顶……尽管如此,这座桥却没有倒塌。

这是为什么呢?

答案在第293页

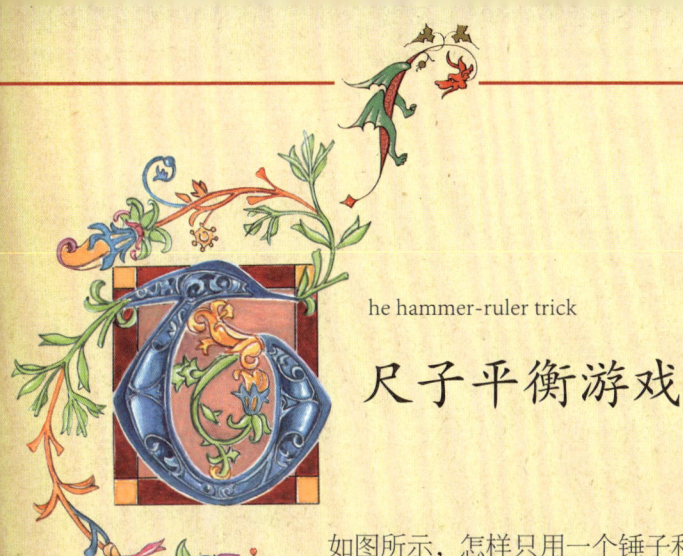

he hammer-ruler trick

尺子平衡游戏

如图所示，怎样只用一个锤子和一根绳子就能把直尺固定在桌子边缘？

注意：锤子不能放在尺子上面。

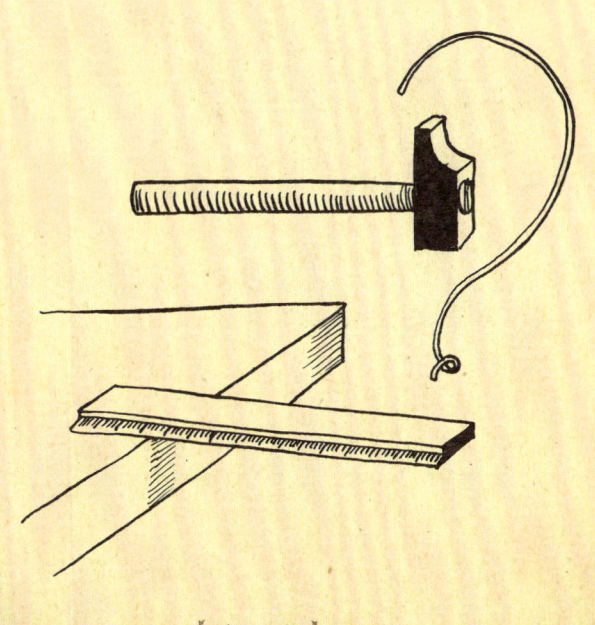

答案在第294页

pside down

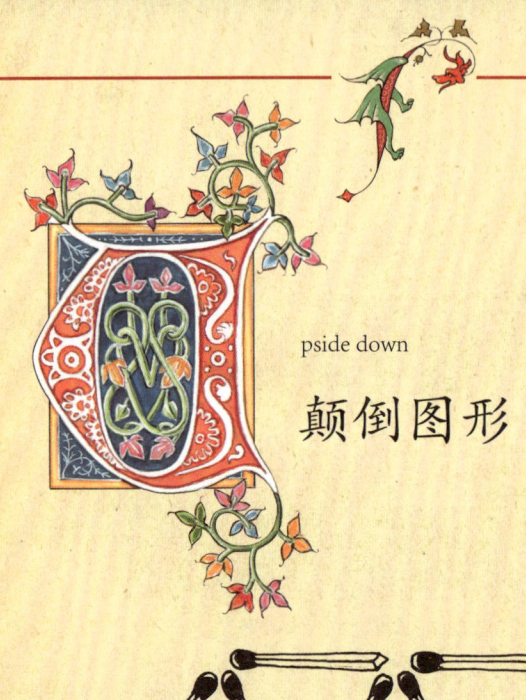

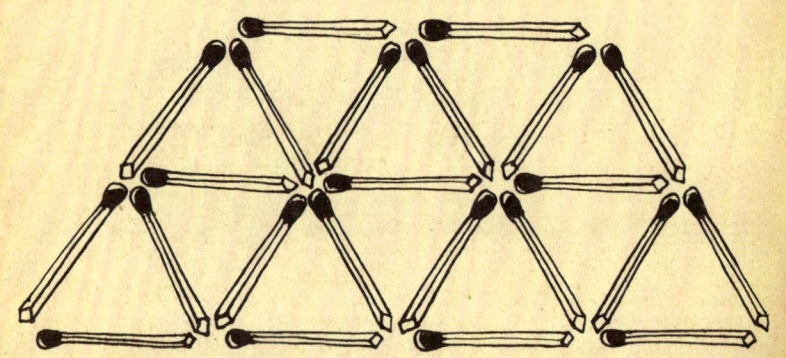

颠倒图形

两位玻璃制造大师正为制作圣丹尼斯大教堂的彩色玻璃窗竞争。为了在他们之中选一个，大主教给他们出了一道题，要求他们只移动4根火柴就完全将这个几何图形颠倒过来。

他们该怎么做才能赢得这项工作呢？

答案在第295页

hree jewelry boxes

三个珠宝箱

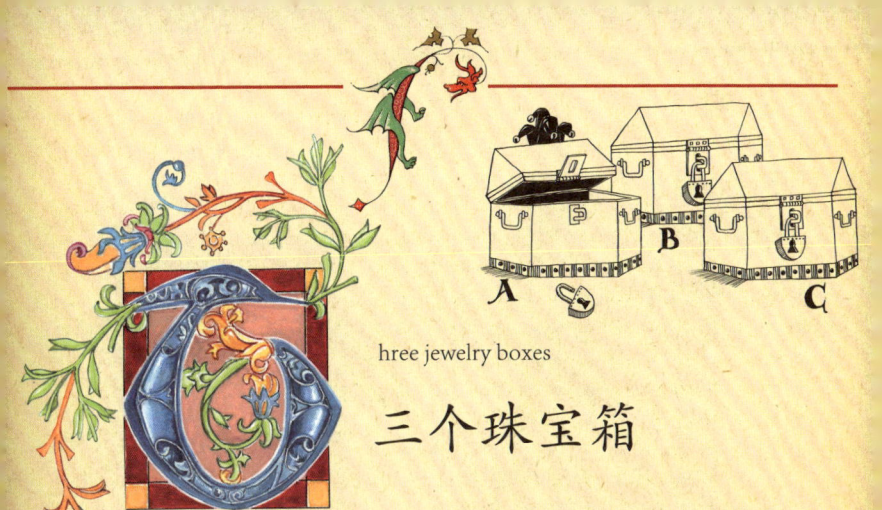

在纪念亚瑟王的宴会上，亨利三世向杰弗里公爵提议玩一场游戏。他把三个珠宝箱A，B，C放在他面前并说道："其中一个里面是金币。如果你找到这个珠宝箱，你可以拥有里面的金币。"然后他让杰弗里公爵从三个珠宝箱中选择一个。亨利三世没有打开杰弗里公爵选择的珠宝箱，而是打开了另外两个珠宝箱中的一个，结果发现是空的。然后，他向公爵提议："您是想留下游戏开始时你选的珠宝箱，还是选择最后一个珠宝箱？"出乎意料的是，杰弗里公爵说："如果我改变我的第一个选择，选最后的珠宝箱，我的获胜机会将增加一倍。我要最后一个珠宝箱。"

杰弗里公爵的直觉是否正确？

答案在第296页

Permutation

排列棋子

在一次锦标赛中,兰斯洛特和吉利德名次相当。为了让他们一决高下,锦标赛的组织者给他们出了一道题。如图所示,锦标赛的组织者在他们面前放了4个白棋和4个黑棋,然后问两名棋手:"最少走多少步可以颠倒棋子的顺序?即把白色的放在右边,黑色的放在左边。已知一个棋子只能向前移动一格,而且一个棋子的前方如果有一个空位就可以越过另一个棋子。"

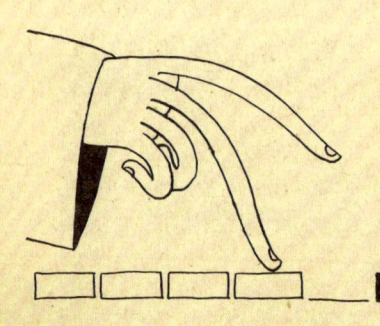

答案在第297页

arth pit 2

挖土（二）

在兰斯大教堂的建筑工地上，一名建筑工正在为建造地基挖坑。已知挖一个长8米、宽8米、深8米的坑需要8天，那么挖一个长4米、宽4米、深4米的坑需要多少天？

答案在第298页

ree fall

自由落体运动

普罗万集市的一个摊位上，有个街头艺人正在给众人变戏法。

蒂博总想寻找能轻松赚钱的门路，于是他向街头艺人做了自我介绍。街头艺人让他玩一个游戏："用拇指和食指夹住一张扑克牌，从盒子上方让扑克牌掉落。我打赌你三次都不能让扑克牌落入盒子里，赌注是100个钱币。"

蒂博要怎么做才能赢得赌局？

öbius strip 1

莫比乌斯环（一）

如果从纸环正中间的虚线剪开，会发生什么？

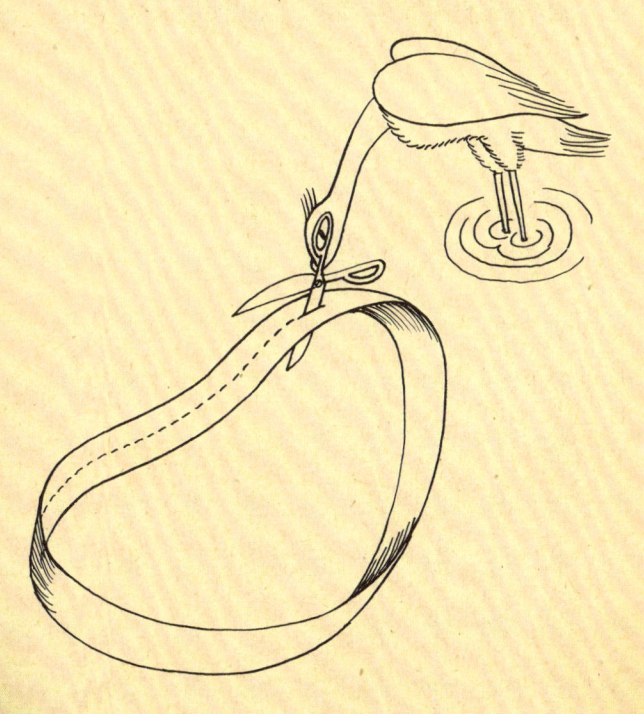

答案在第300页

öbius strip 2

莫比乌斯环（二）

如果沿着纸环宽度 $1/3$ 处虚线剪开，会发生什么？

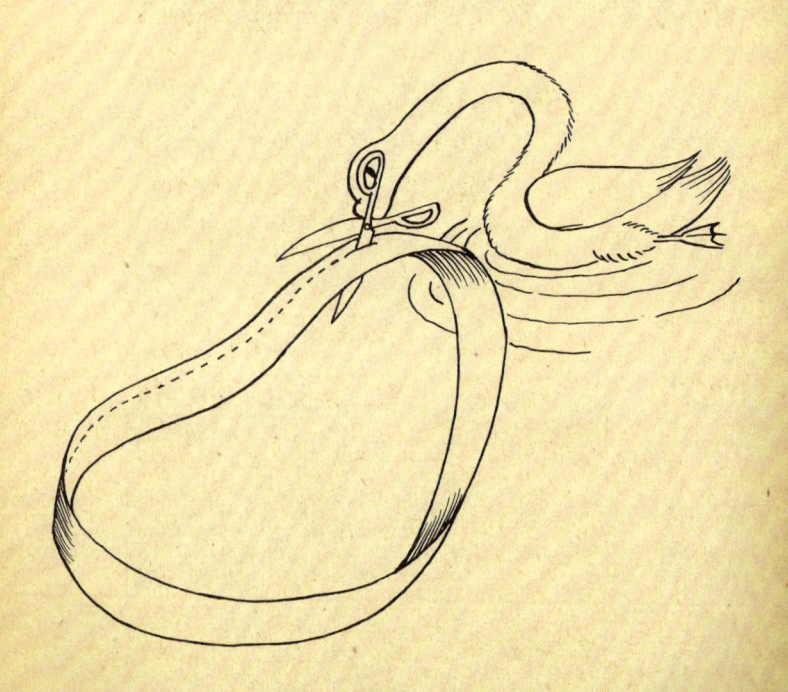

答案在第301页

答案

SOLUTIONS

ivination

猜牌游戏

一副32张牌的扑克里没有数字2，3，4，5，6。但我们知道这张牌是双数，而且不是8，那么应该是10。现在只需判断牌的花色：不是梅花，那么一定是黑桃。

所以是一张黑桃10。

第1页答案

agic knot

神奇的结

只要让他先交叉双臂再拿绳子的两头,然后松开双臂的同时手里依然拿着绳子。这样一个结就形成了,好像被施了魔法。

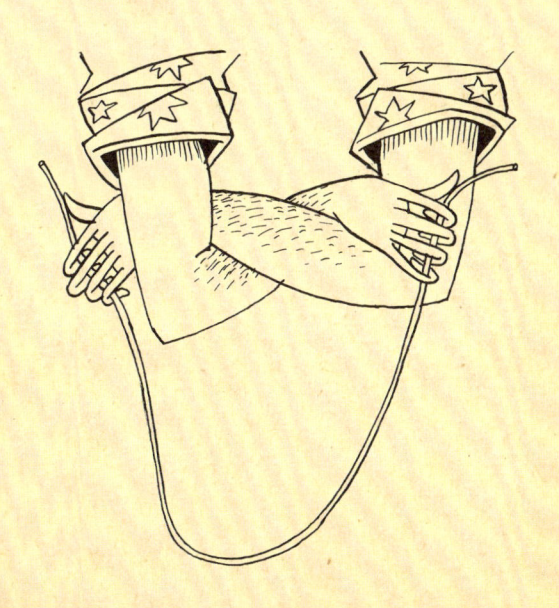

第2页答案

Apples 分苹果

她把5个苹果做成了苹果酱。

ysterious shopping

奇怪的买卖

弗雷德公爵要买一些数字,用来给他的庄园入口编号。每个数字3个银币。

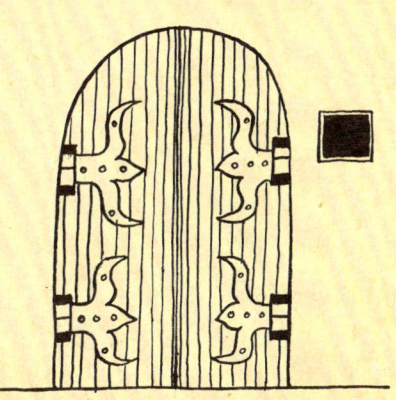

rips

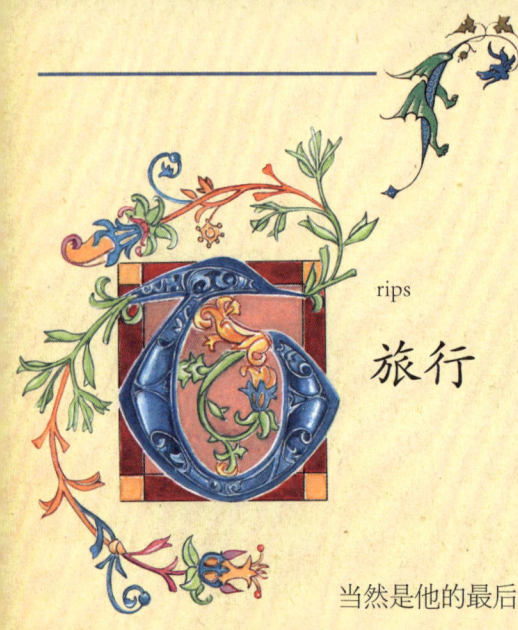

旅行

当然是他的最后一次旅行呀!

第5页答案

Crossed out 划掉一些整数

剩下的20个整数有：1，3，4，5，7，9，11，12，13，15，16，17，19，20，21，23，25，27，28，29。

icture puzzle 1

看图猜谜（一）

月光。

icture puzzle 2

看图猜谜（二）

彩虹。

llusion

高度幻觉

两个窗框高度一样。是不是很奇怪?

第9页答案

rand cru

一瓶美酒

先把斗篷叠成小块垫在树干上（预防瓶底破碎），然后手握瓶颈，用瓶底击打树干几下，瓶塞就会自动弹出。

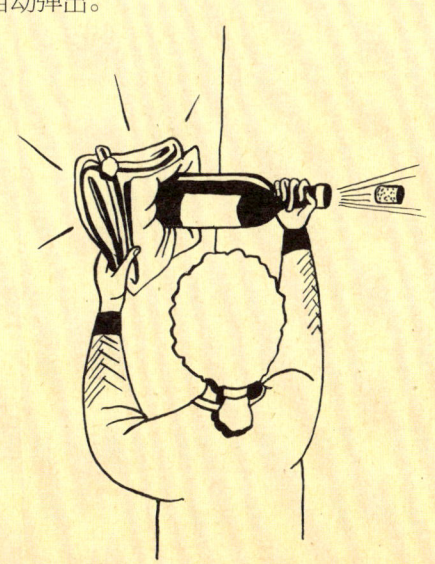

surprising square numbers

不平常的平方数

$111111111^2=12345678987654321$。发现其中的秘密了吗？9个1的平方是1到9的正序排列和倒序排列连在一起的结果。

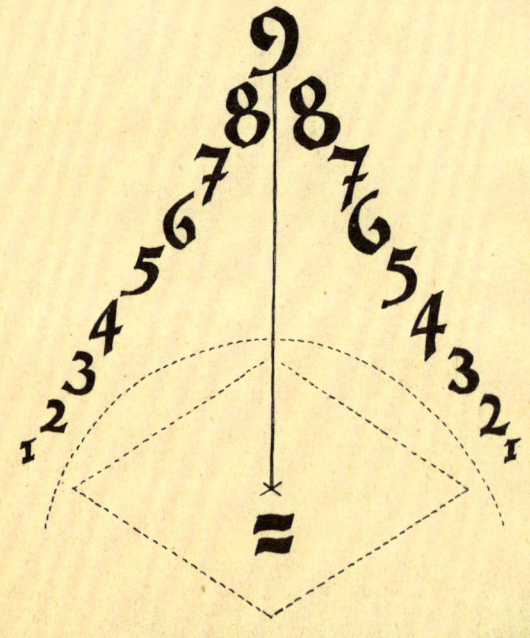

n the grand ladder

爬梯子

梯子共有23阶横杆。下图是伙计的攀爬示意图。

要记住题目一开始,这个伙计是在梯子的中间。也就是说这架梯子的横杆数为奇数。

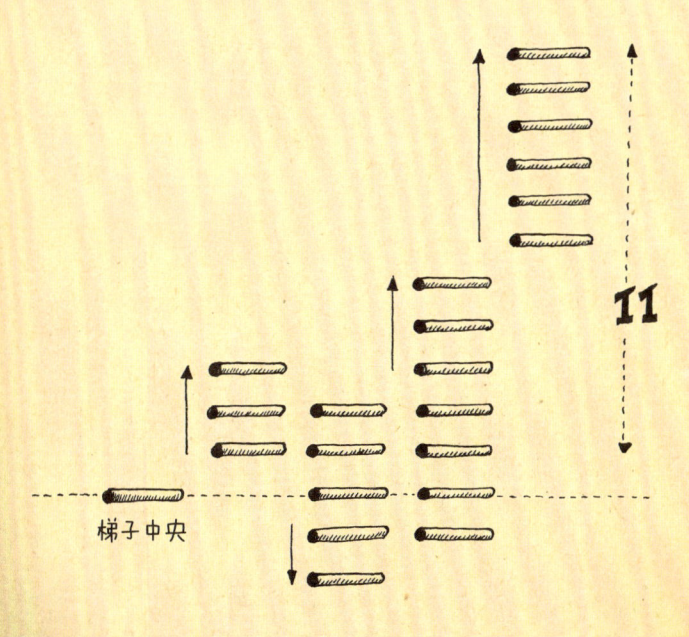

第12页答案

rigami

折纸艺术

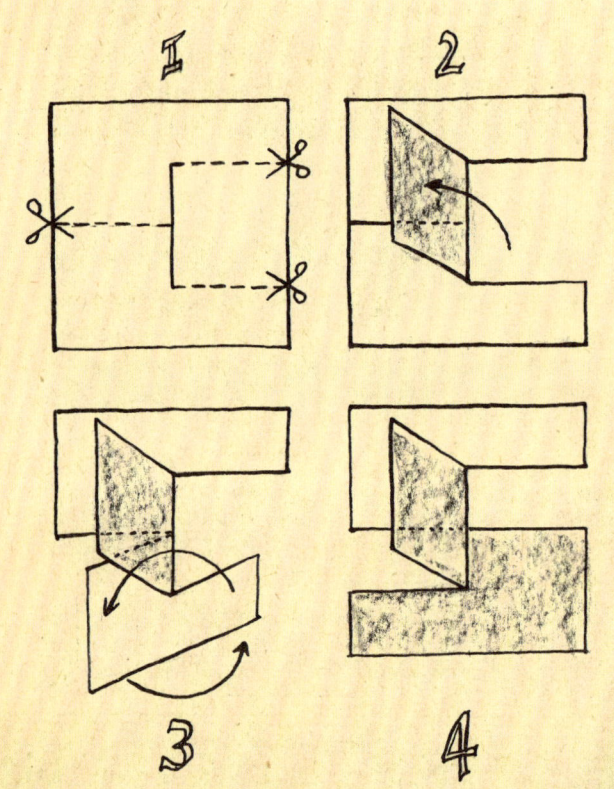

ho am I 1

我是谁（一）

机械闹钟。

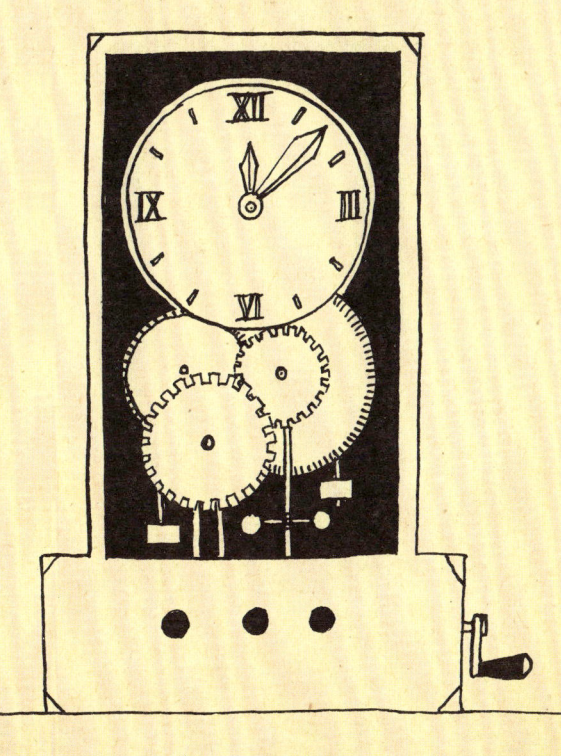

abyrinth

走迷宫

attle flag

战旗填数

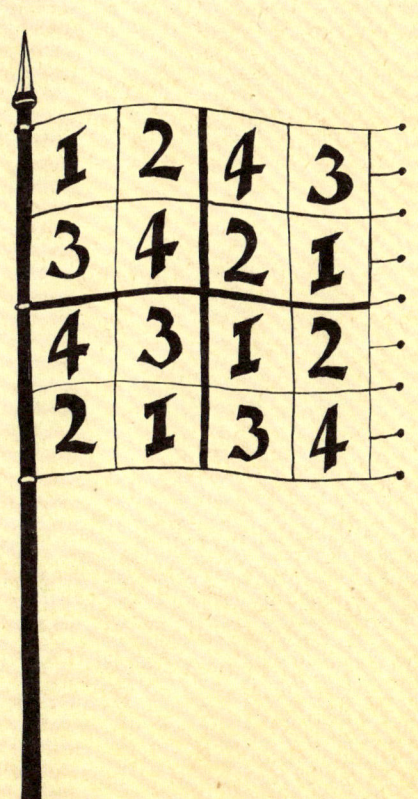

1	2	4	3
3	4	2	1
4	3	1	2
2	1	3	4

第16页答案

t high tide

涨潮

还是17级台阶露出水面。因为船是浮在水面上,舷梯和船是一起升高的。

第17页答案

yramid odd number

奇数金字塔

这个金字塔每一行的数字总和等于每行的序列号的立方数。

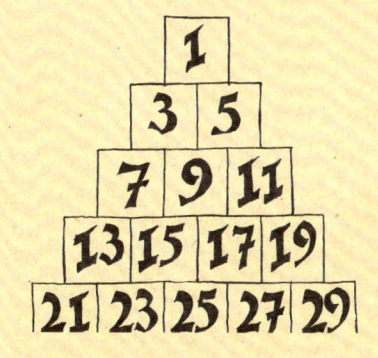

第1行 → $1^3 = 1$
第2行 → $2^3 = 8$
第3行 → $3^3 = 27$
第4行 → $4^3 = 64$
第5行 → $5^3 = 125$
第15行 → $15^3 = 3375$

```
          1
        3   5
       7  9  11
     13 15 17 19
   21 23 25 27 29
```
……

第15行

inter garden

冬日花园

因为布丹家的院子比邻居卡尔家的院子大1倍。

第19页答案

etamorphosis

数字变形

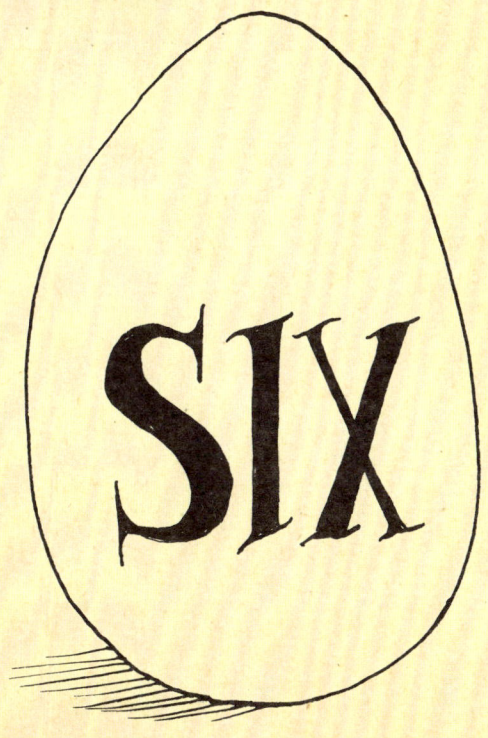

第20页答案

aking 100 with Calculating signs 1

巧算 100（一）

以下是一种解法。

$$1+2+3+4+5+6+7+(8\times 9)=100$$

aking 100 with Calculating signs 2

巧算 100（二）

以下是一种解法。

$$(5 \times 5 \times 5) - (5 \times 5) = 100$$

第22页答案

itori

趣味数壹

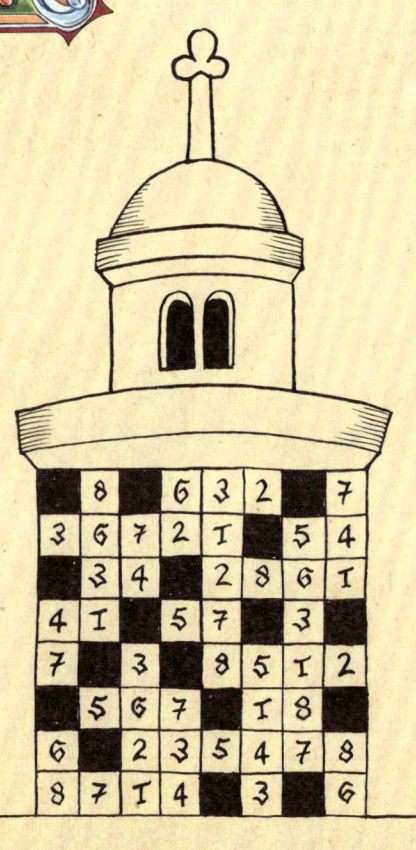

	8		6	3	2		7	
3	6	7	2	1		5	4	
	3	4		2	8	6	1	
4	1		5	7		3		
7		3		8	5	1	2	
	5	6	7		1	8		
6		2	3	5	4	7	8	
	8	7	1	4		3		6

our queens

四个皇后

c1，d5，h2，k4。

risoners

囚犯的难题

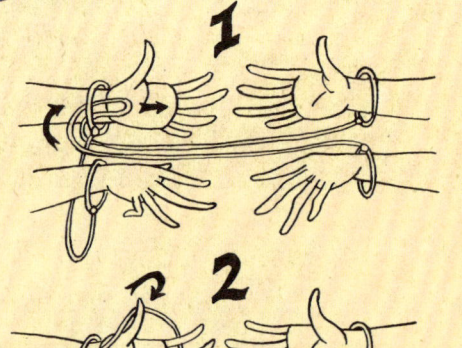

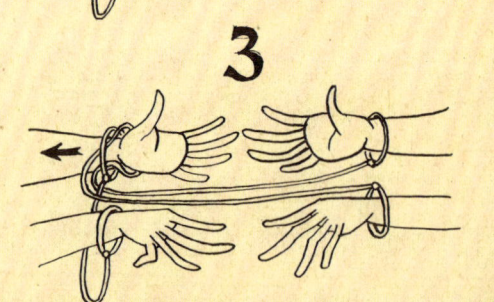

1

2

3

最后就自由啦!

第25页答案

ix triangles

六个三角形

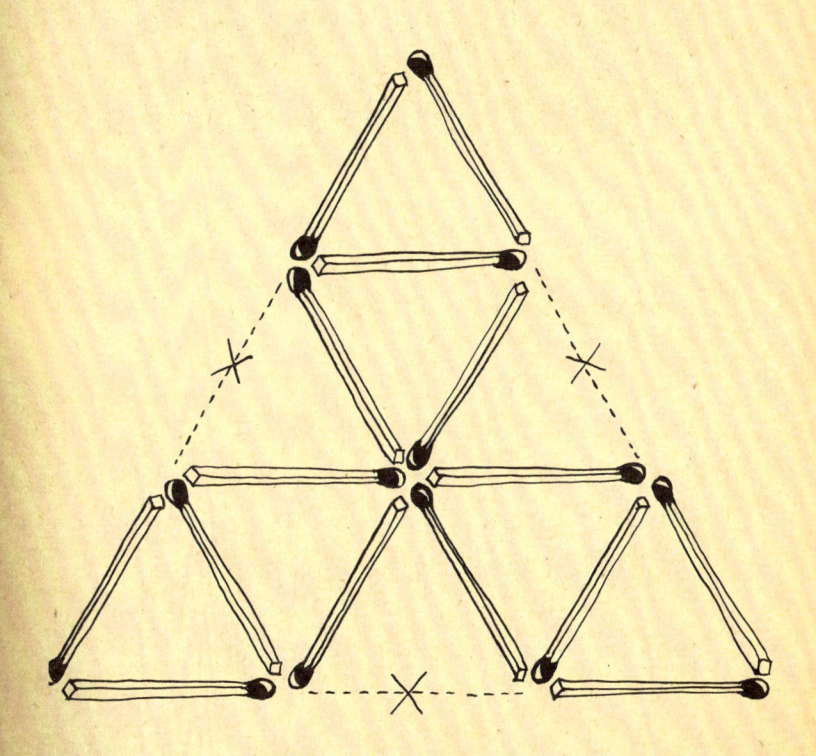

第26页答案

our triangles

四个三角形

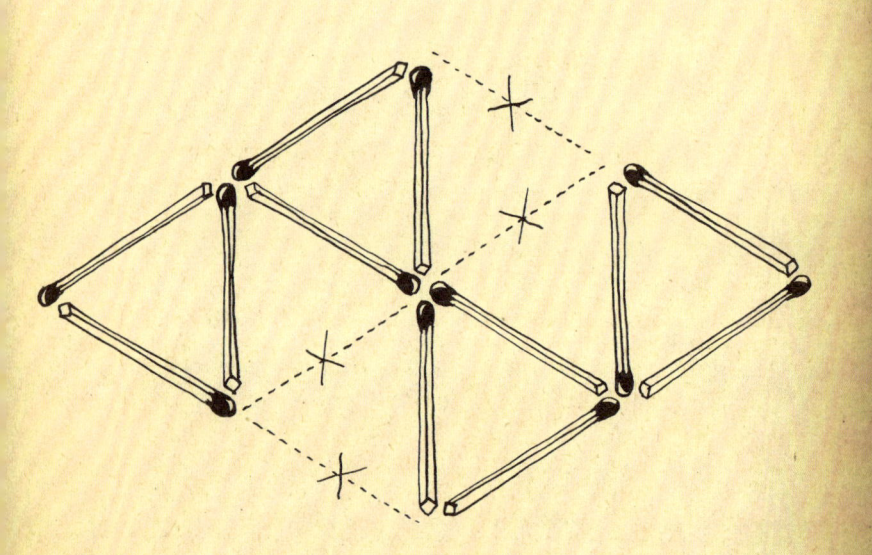

第27页答案

instrel

云游诗人

两人三种乐器都能演奏，另一个人什么乐器都不会演奏。

第28页答案

letter for a number

字母变数字

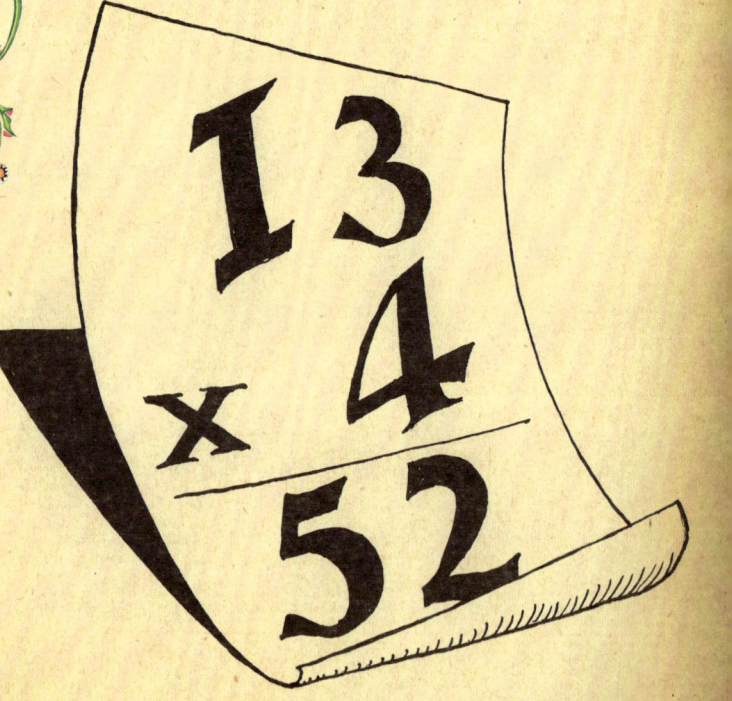

$13 \times 4 = 52$

第29页答案

eparations 1

等分图形（一）

如下图所示，就这么简单。

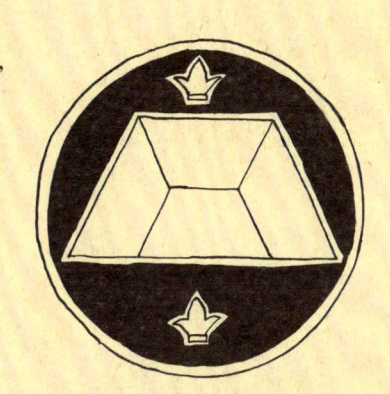

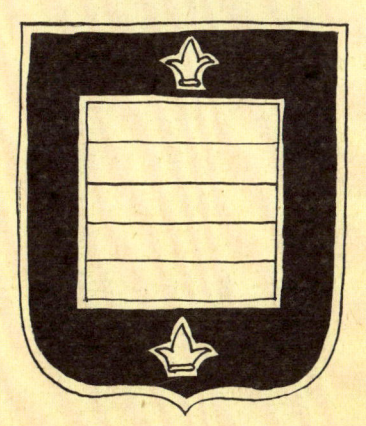

第30页答案

unny rules

有趣的规则

8。

要理解这条规则，需要想到罗马数字。

9　　II　　I2　　I3

IX　　XI　　XII　　XIII

这些数字的一半，简单来说就是把对应的罗马字母从中间剪开。

IX XI XII XIII

IV VI VII VIII
4　　6　　7　　8

所以13（XIII）的一半是8（VIII）。

otating coins

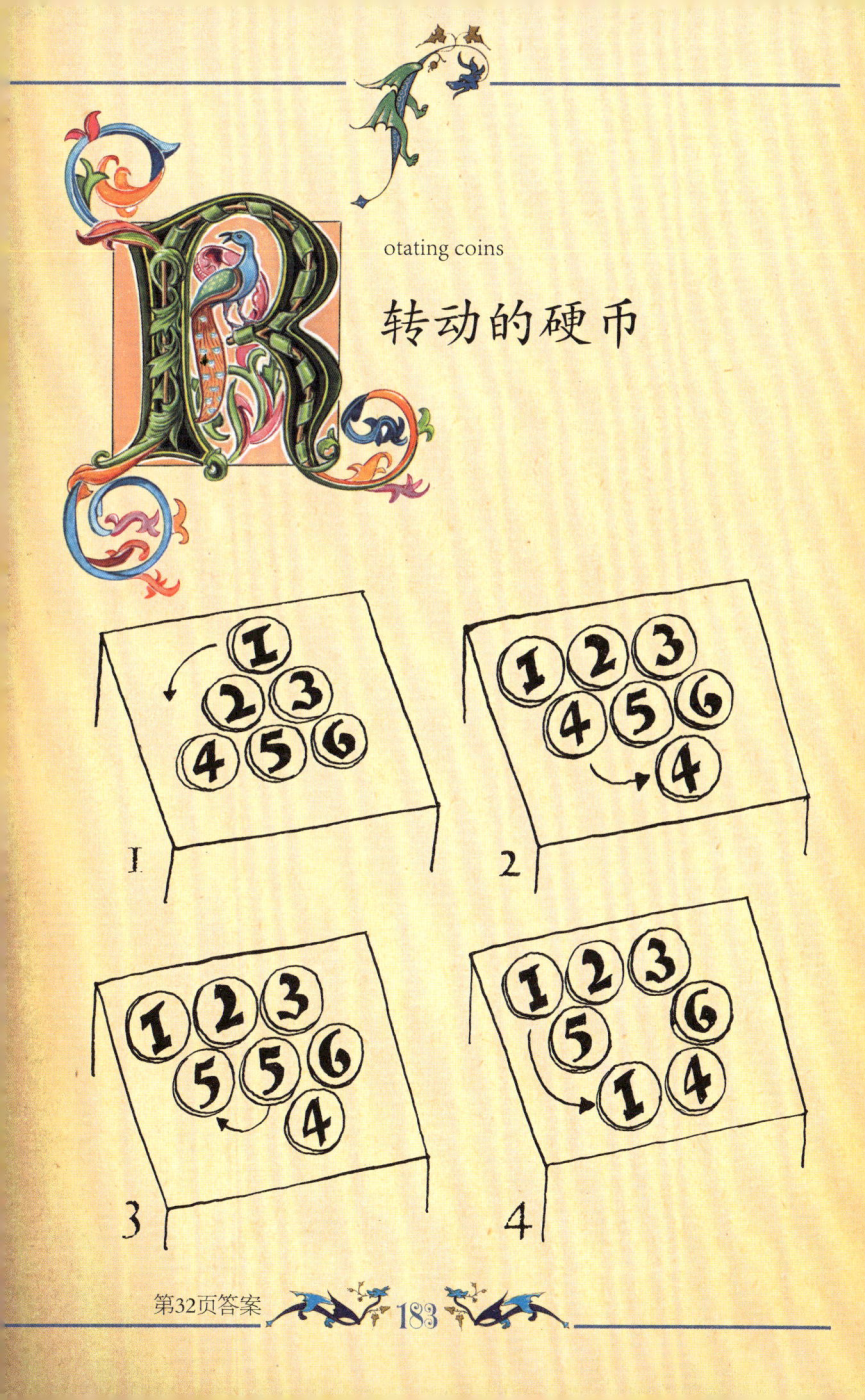

转动的硬币

第32页答案

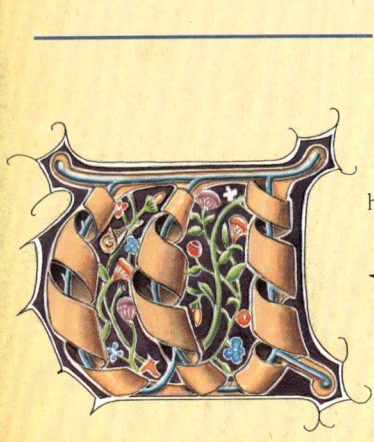

here are the Hens

母鸡在哪里

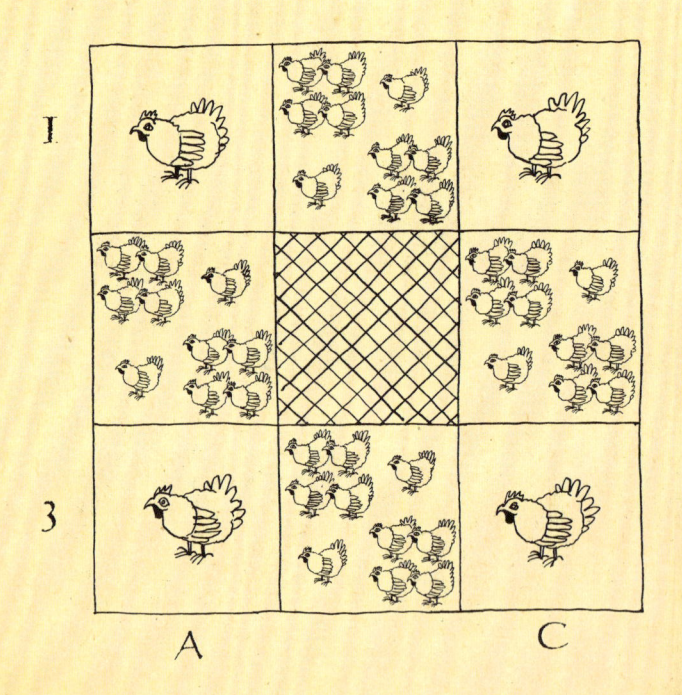

如图所示，44只母鸡都能安排在鸡舍里。

ountain peak

最高的山峰

即使之前没发现珠穆朗玛峰,它仍然是世界上最高的山峰呀。

ow much

多少钱

扎尔波特应该给西斯蒙500块。这样，扎尔波特少了500块，西斯蒙多了500块，正好比扎尔波特多1000块。

第35页答案

arth pit 1

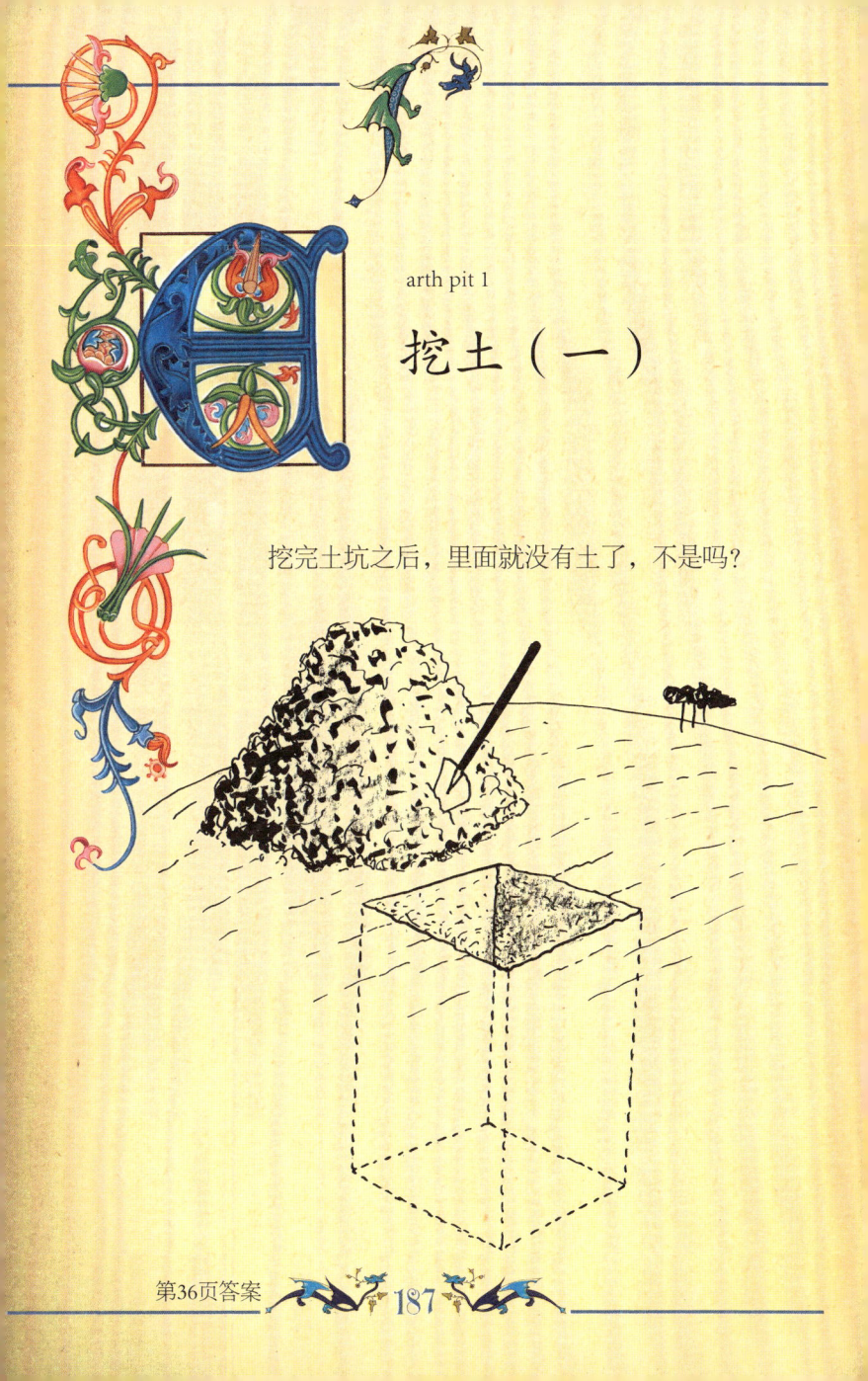

挖土（一）

挖完土坑之后，里面就没有土了，不是吗？

igure Magic

数字魔法

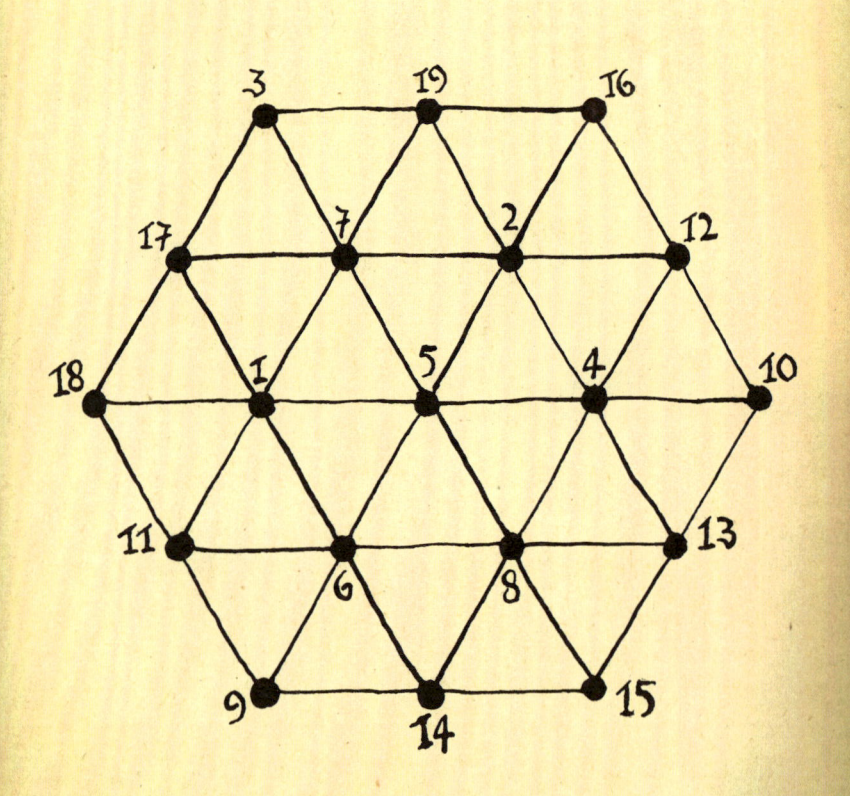

ho is grandpa

谁是祖父

利波是德雷克的祖父。

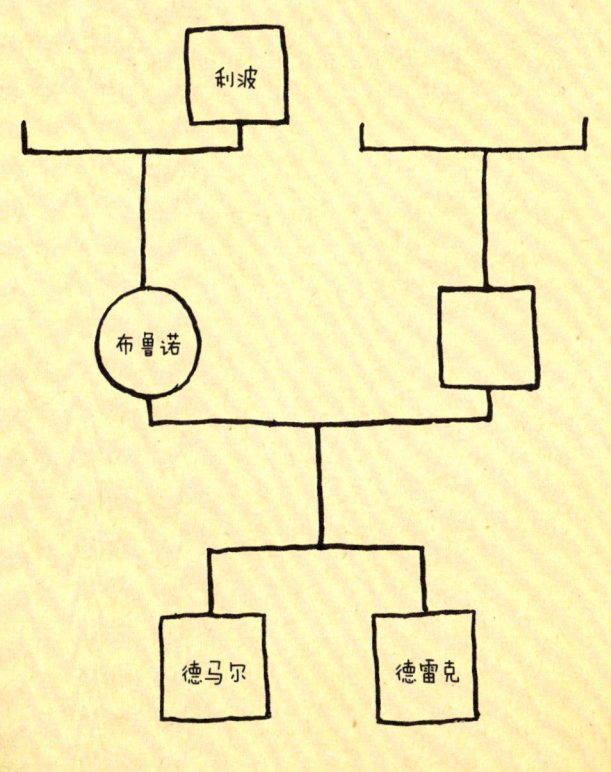

第38页答案

icture puzzle 3

看图猜谜（三）

翻跟头。

第39页答案

Six points

一笔画线

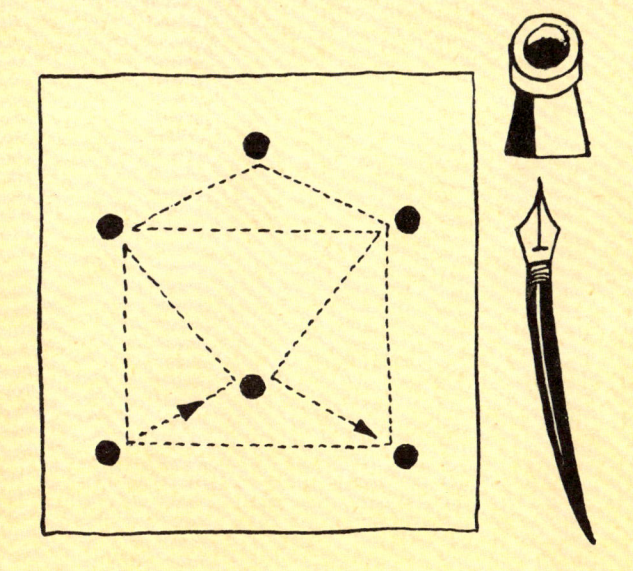

第40页答案

olding 1

神奇的折纸（一）

办不到。因为你至少需要一张2.5米宽的纸。用A4纸试着折一下，你会发现到第七次就折不动了。

第41页答案

olding 2

神奇的折纸(二)

折第一次,有两层纸叠在一起,即2×0.1毫米=0.2毫米。

折第二次,有四层纸叠在一起,即4×0.1毫米=0.4毫米。

折第三次,有八层纸叠在一起,即8×0.1毫米=0.8毫米。

折第四次,有十六层纸叠在一起,即16×0.1毫米=1.6毫米。

折第五次,有三十二层纸叠在一起,即32×0.1毫米=3.2毫米。

……

折第二十次,有1048576层纸叠在一起,即1048576×0.1毫米=104857.6毫米(104.857米)。

如果继续折叠,到第六十次,得到的厚度为115292150460千米。

weep the fallen leaves

几堆落叶

只有一堆!

第43页答案

Red list

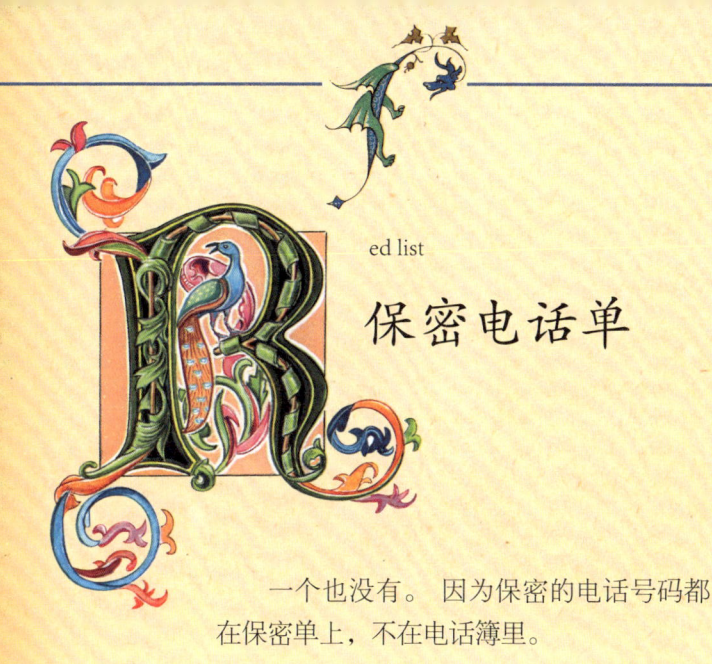

保密电话单

一个也没有。因为保密的电话号码都在保密单上，不在电话簿里。

第44页答案

eparations 2

等分图形（二）

谎言
lie

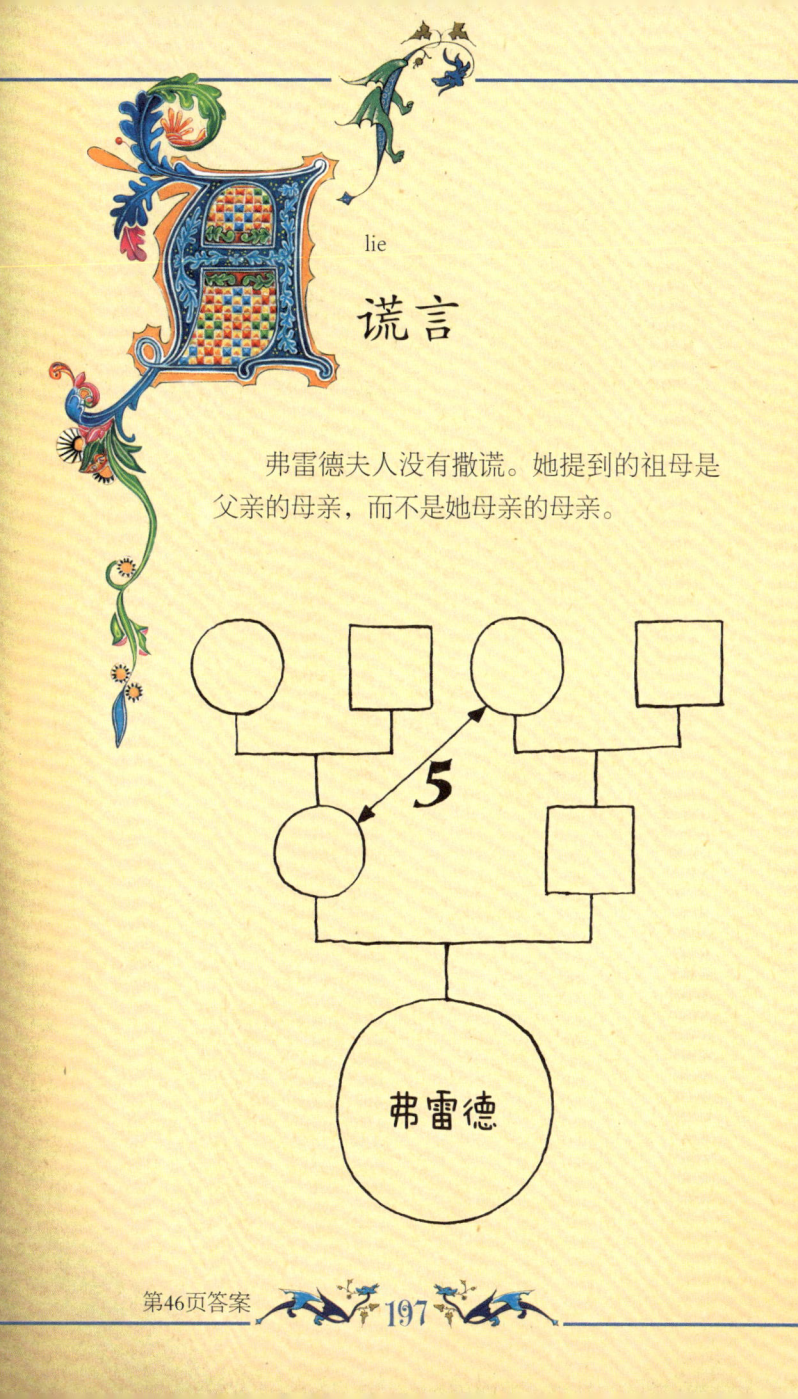

弗雷德夫人没有撒谎。她提到的祖母是父亲的母亲,而不是她母亲的母亲。

easoning

趣味推理

10个算式的总和等于第七个算式值乘以11。假如那个犯错的和尚说第七个算式值是41，院长就会回答451（41×11）。这是一道代数思维题，你可以这么想：把比10小的两个未定的数写成 a和b，假设a≤b，那么，

（1）a+b=(a+b)

（2）b+(a+b)=(a+2b)

（3）(a+b)+(a+2b)=(2a+3b)

（4）(a+2b)+(2a+3b)=(3a+5b)

（5）(2a+3b)+(3a+5b)=(5a+8b)

（6）(3a+5b)+(5a+8b)=(8a+13b)

（7）(5a+8b)+(8a+13b)=(13a+21b)

（8）(8a+13b)+(13a+21b)=(21a+34b)

（9）(13a+21b)+(21a+34b)=(34a+55b)

（10）(21a+34b)+(34a+55b)=(55a+89b)

(1)+(2)+(3)+(4)+(5)+(6)+(7)+(8)+(9)+(10)=143a+231b=11(13a+21b)→第（7）行

提示：注意等号的右边，从第三行开始下一行的算式值等于上两行的算式值的和。

ow many Squares

几个正方形

这个橱窗里一共有31个正方形:每个格子1个小正方形,共有9个;每4个小正方形组成1个中正方形,共有4个;整个橱窗是1个大正方形,加起来一共是9+4+1=14个。把头向右倾斜45°,会发现另外的17个正方形:

12个小正方形,如图所示。

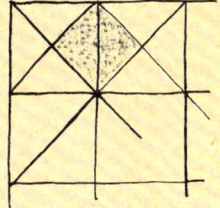

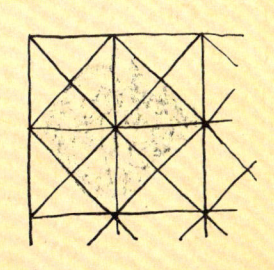

5个大正方形,如图所示。

所以一共有14+17(31)个正方形。

hree hanaps

3个高脚杯

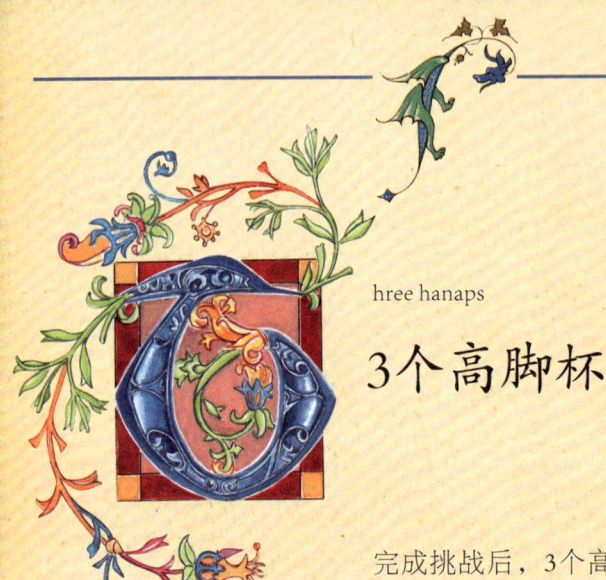

完成挑战后,3个高脚杯都正面朝上了。现在把中间的杯子翻过来,然后说:"你来试试。"

这次,如果每次翻2个杯子,无论翻多少次,3个杯子都不会同时正面朝上。

第49页答案

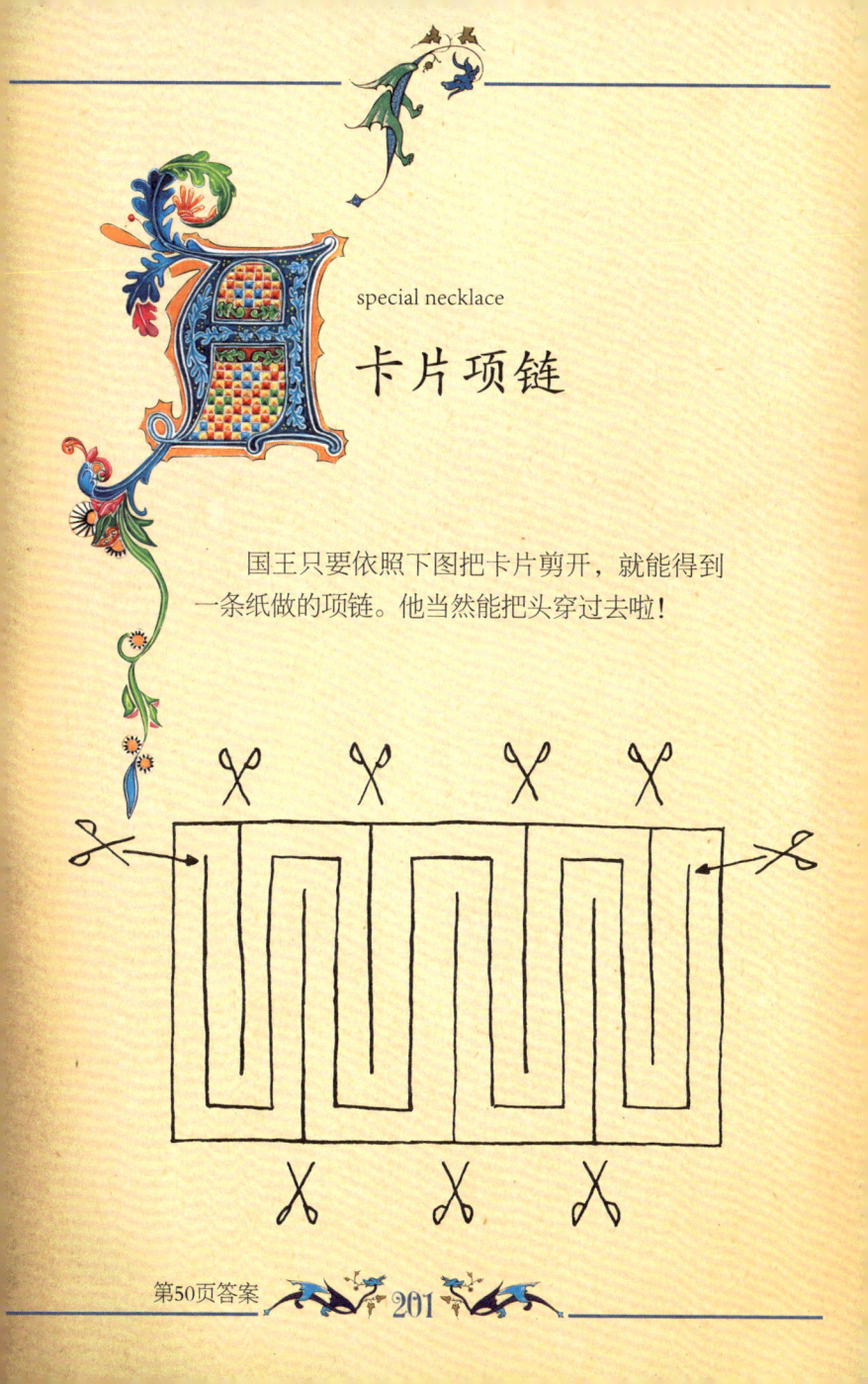

special necklace
卡片项链

国王只要依照下图把卡片剪开，就能得到一条纸做的项链。他当然能把头穿过去啦！

n odd Calendar

奇怪的日历

12个月。因为一年中的所有月份都至少有28天。

our squares

四个正方形

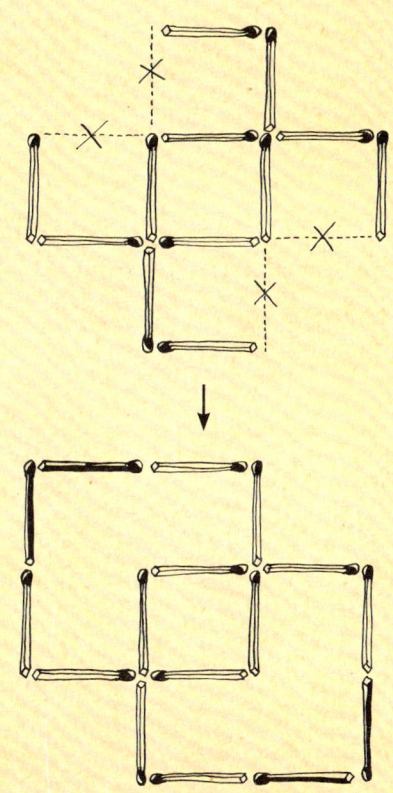

第52页答案

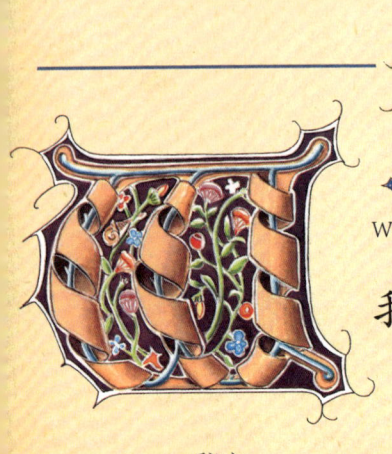

Who am I 2

我是谁（二）

秘密。

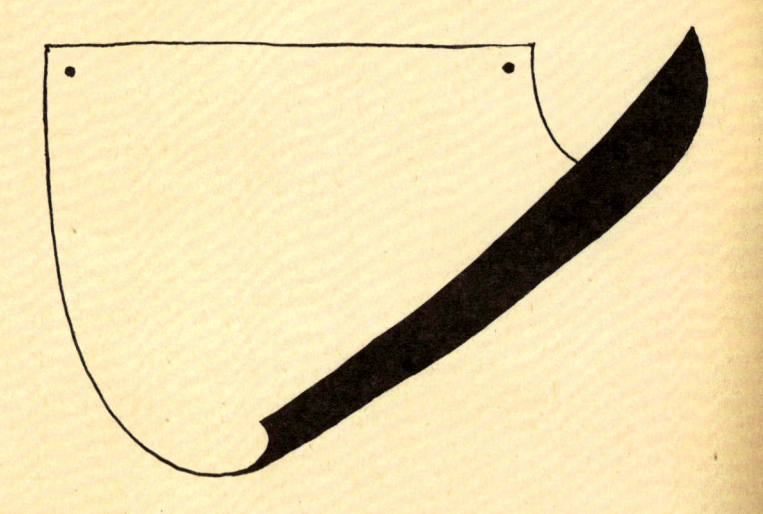

第53页答案

ire in the tower

城堡失火

1.先把财宝放到一个篮子里。

2.王子到另一个空篮子里慢慢下行,同时,比王子轻的财宝上行。

3.王后拿出篮子里的财宝,爬到空篮子里下行,这时王子上行返回城堡。

4.王后落地后,国王把财宝放到刚刚升起的篮子里,财宝下行。

5.王后爬进装财宝的篮子里,国王到另一个篮子里慢慢下行到地面。

6.王后返回城堡,让王子坐进另一个篮子。

7.王子和财宝各占一个篮子,王子下行,财宝上行。

8.王后把篮子里的财宝拿出来,爬到篮子里下行到地面,王子再次返回城堡。

9.王子重新把财宝放进一个篮子里,自己爬到另一个篮子里下行到地面。

10. 这样,国王、王后和王子都得救了。他们只需收回再次落下的财宝就好啦。

第54页答案

被诅咒的 M

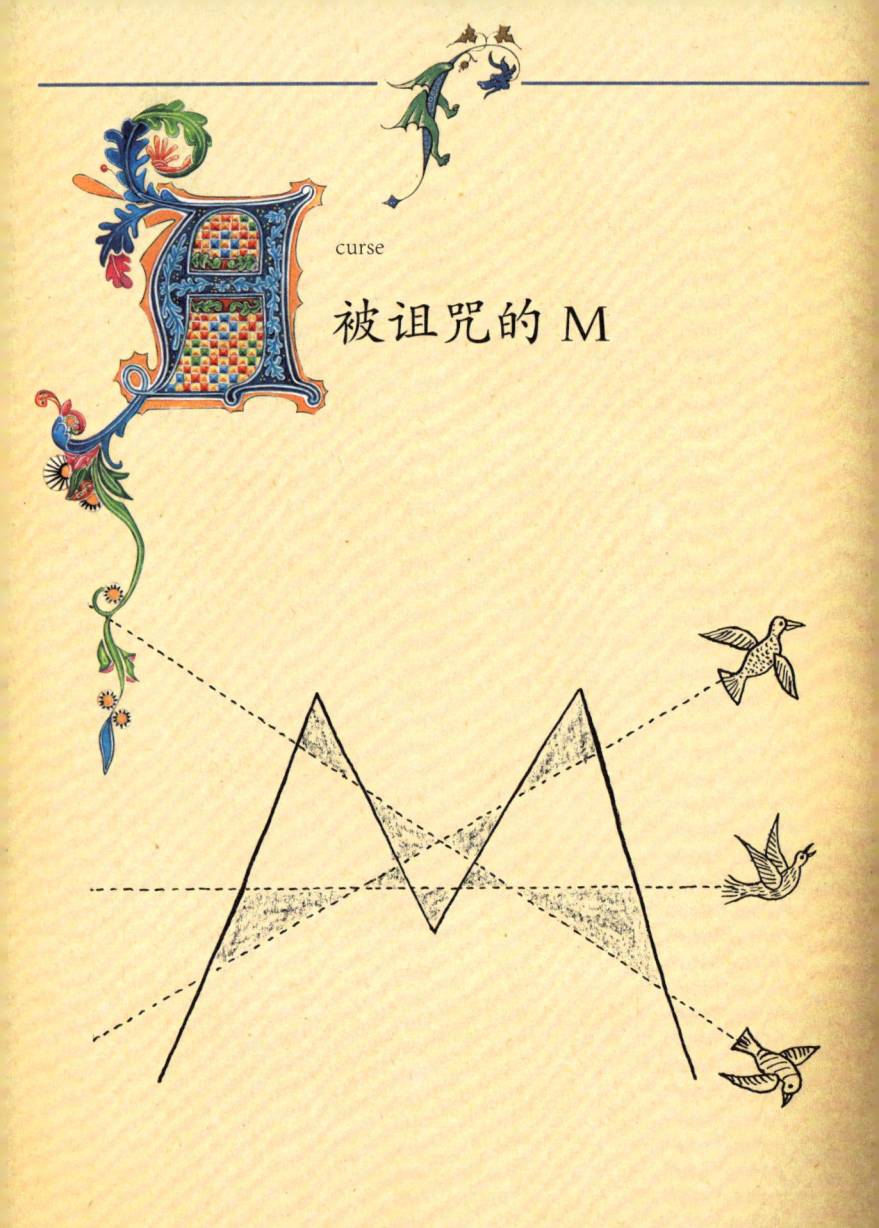

curse

1

42857

142857

ABC	DEF	
142	857	1
285	714	2
428	571	3
571	428	4
714	285	5
857	142	6

上图是142857分别与1,2,3,4,5,6的乘法结果。

仔细观察这些数,你会发现:

它们是由同样的6个数字构成;

每一列的数字总和与每一行的数字总和相等,都是27。

如果把这些数字从中间断开,得到两个三位数,他们的和都等于999:

142+857=999,285+714=999,等等。

因此,142857是一个神奇的数字。

even roses

玫瑰排行

下图是其中一种解决方案。

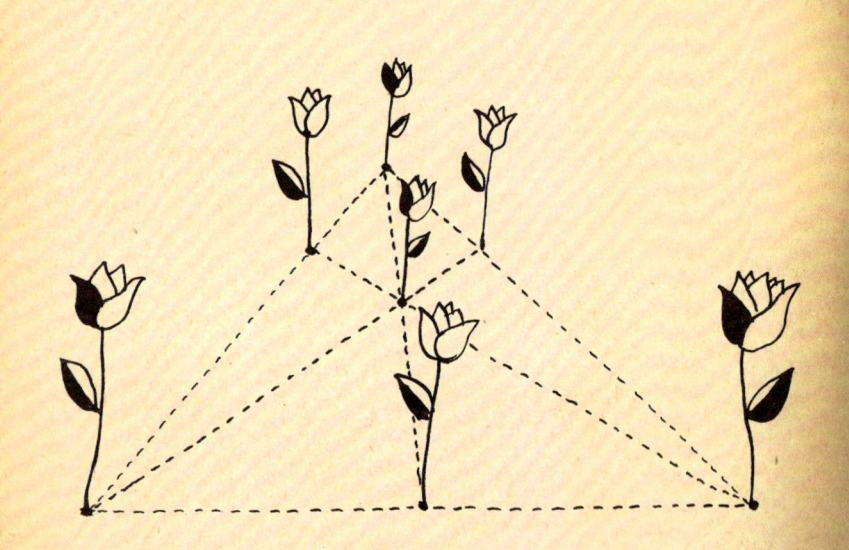

第57页答案

ll at once

一鼓作气

下图是一种解法。

第58页答案

irror image

撞脸

魔方a和e是一样的。

210　第59页答案

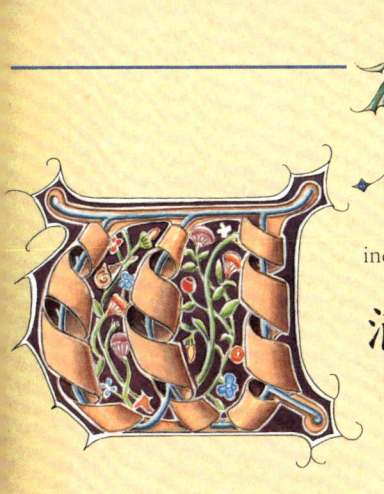

ine cask

酒桶几斤几两

空桶重10千克。

桶装满（230千克）时和装了一半（120千克）时的总重量差了110千克，这110千克就是半桶酒的重量。

所以一桶酒的重量是110×2=220千克。

那么桶的重量是230−220=10千克。

en criminals

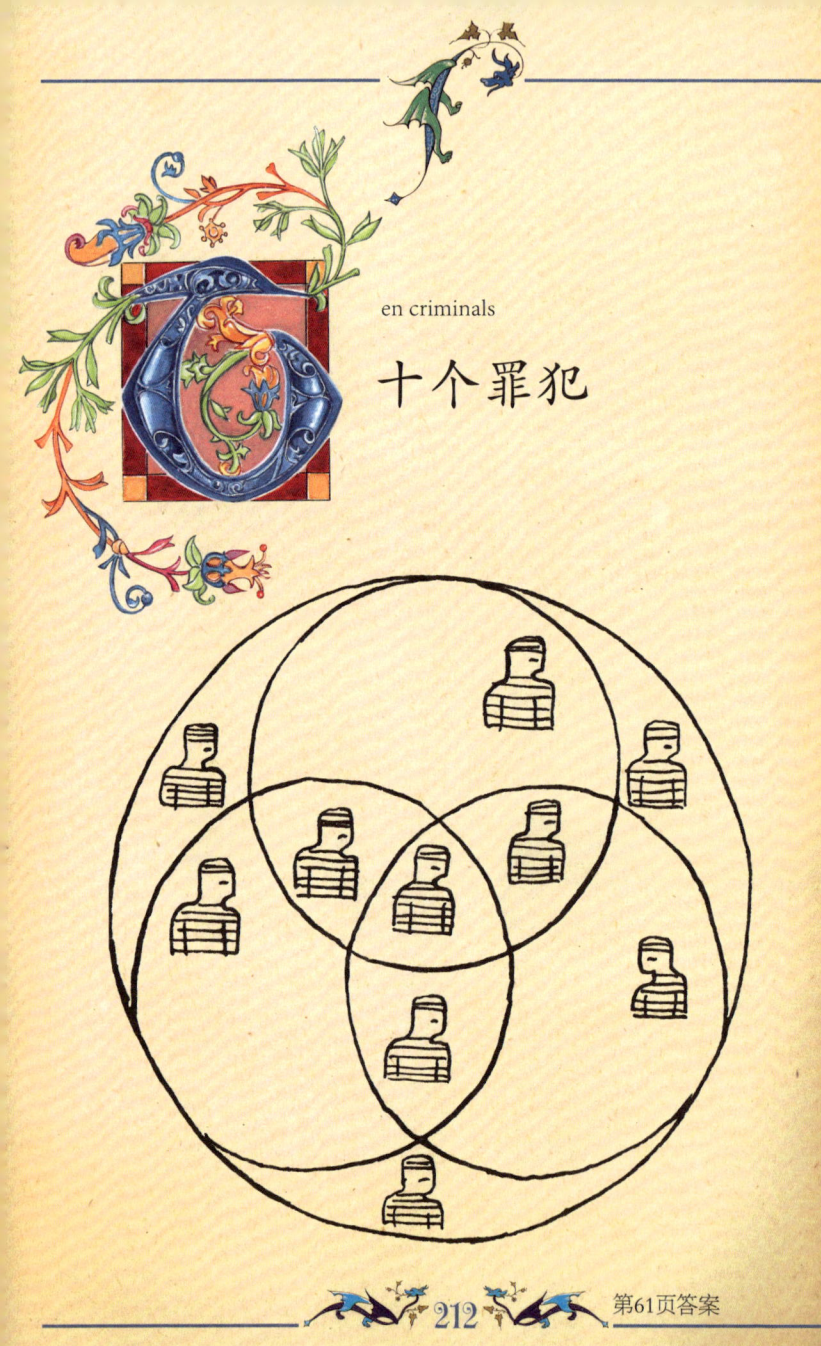

十个罪犯

第61页答案

beginner

涂色入门

第62页答案

eteran

涂色老手

1	1	2	1	1
2	3	3	1	0
2	3	4	2	0
3	2	2	1	0
3	3	2	1	0

第63页答案

ne Stick

插木棍

在绳子的a端做上记号,每次两端交叉时,把a端放在b端下面。这时绳子和刀就会轻而易举地脱离木棍啦。

hree thieves

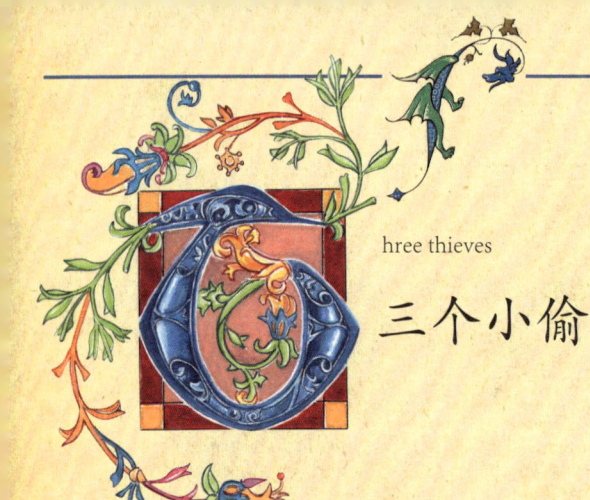

三个小偷

以下是一种解法：

第一个小偷拿走3瓶满的，3瓶空的和1瓶盛了一半的药水；

第二个小偷拿走3瓶满的，3瓶空的和1瓶盛了一半的药水；

第三个小偷拿走1瓶满的，1瓶空的和5瓶盛了一半的药水。

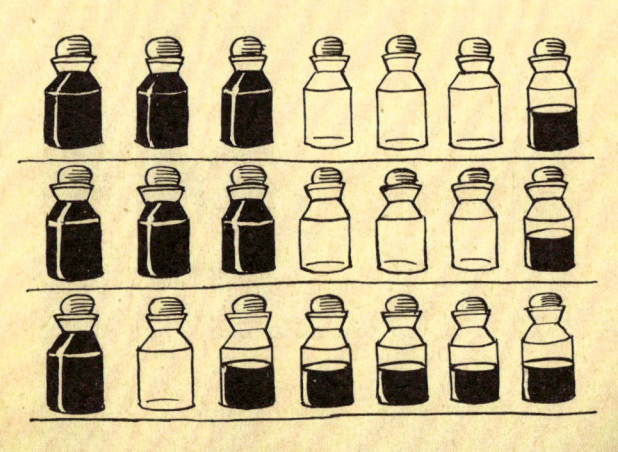

第65页答案

ectangle

正方形变长方形

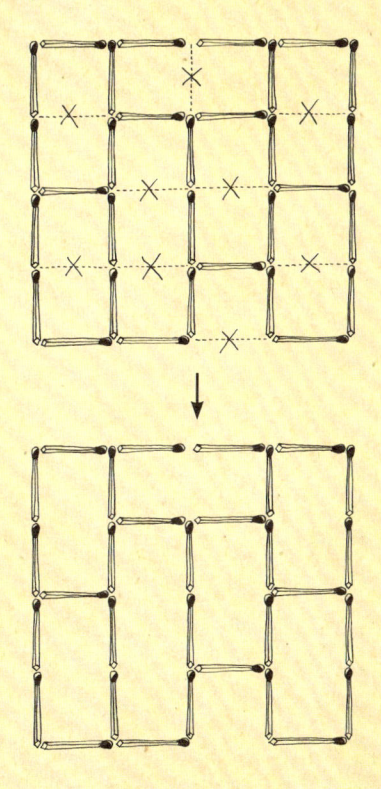

ectangle to Square 1

长方形变正方形（一）

只要把图1变成图2就搞定啦，是不是很简单呢？

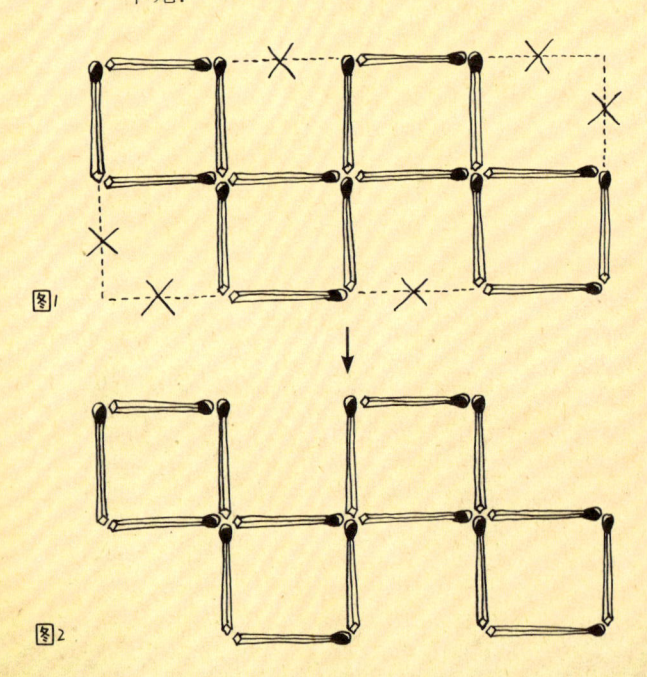

图1

↓

图2

ix squares

六个正方形

想象一个三维图形即可。

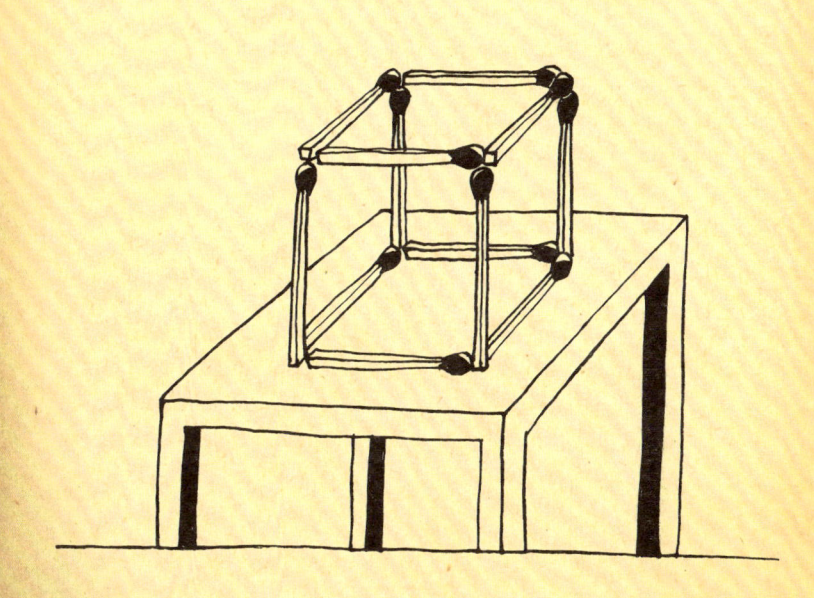

he trolls and the humans

山怪与人类

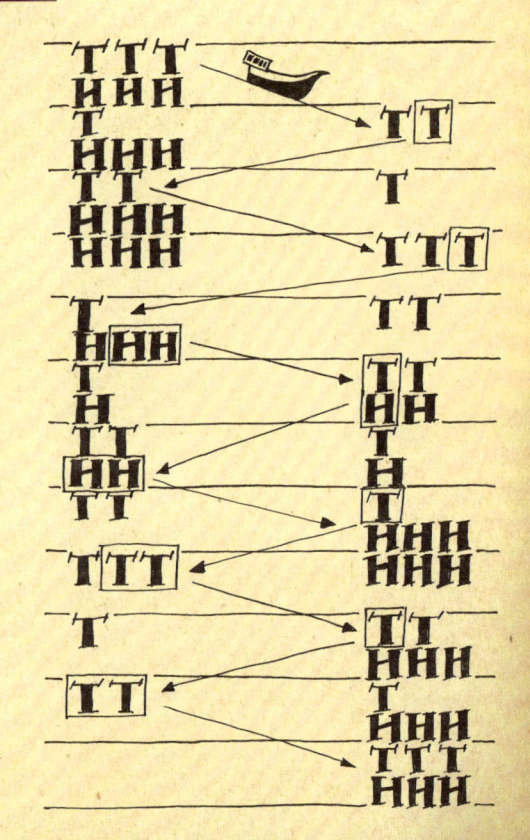

T=山怪
H=人类

第69页答案

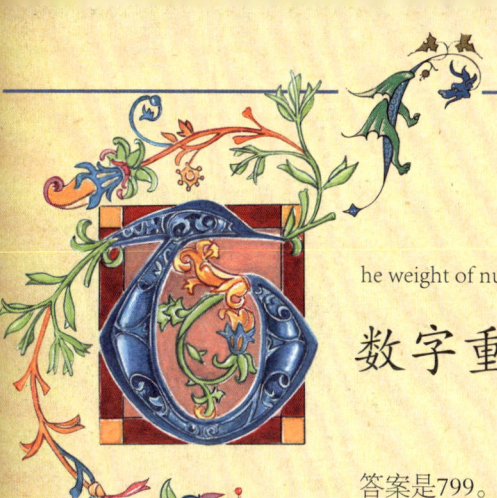

he weight of numbers

数字重量

答案是799。

要找出最小的数,把25除以9,确定这个数包含两个9(99)。

余数(7)是这个数的最后一个数字。

由于余数比9小,所以把余数放在9前面(799)就可以了。

entamidoku

五格数独

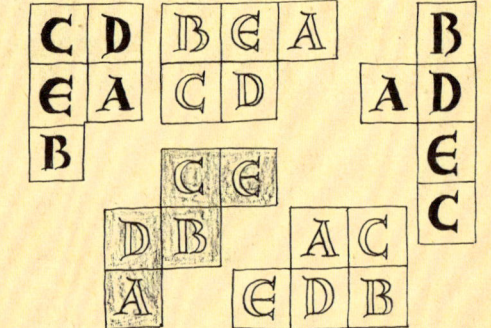

第71页答案

aked egg

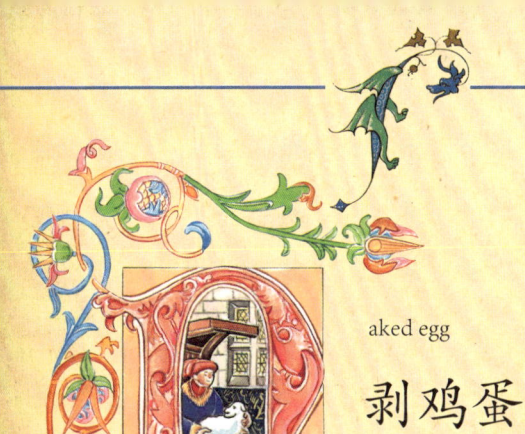

剥鸡蛋

只要把鸡蛋浸入白醋中，过几个小时，鸡蛋壳就化掉了。

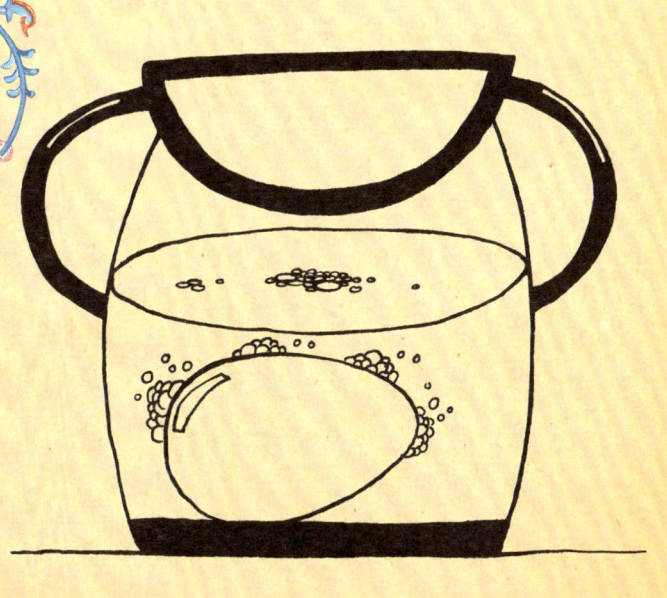

heers

干杯

有9位客人。

1位客人跟其余8位客人碰杯，后面的人只需和另外7个人碰杯，以此类推。

8+7+6+5+4+3+2+1=36次碰杯，所以有9位客人。

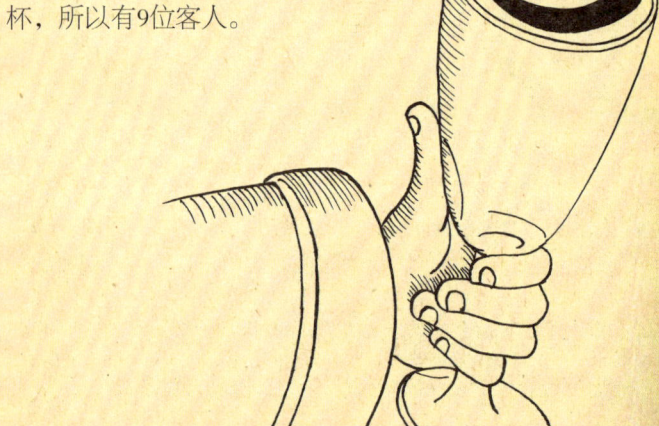

第73页答案

here are the cubes

方块在哪里

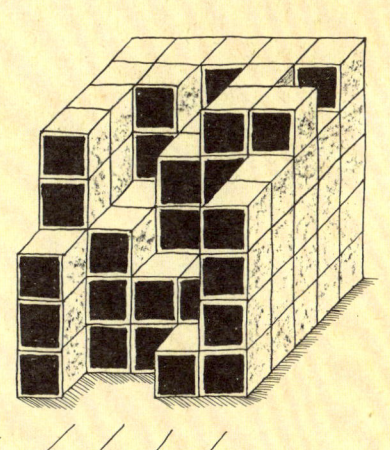

A B C D E

A列，缺2个方块。

B列，缺9个方块。

C列，缺10个方块。

D列，缺7个方块。

E列，缺3个方块。

共增加31个方块。

第74页答案

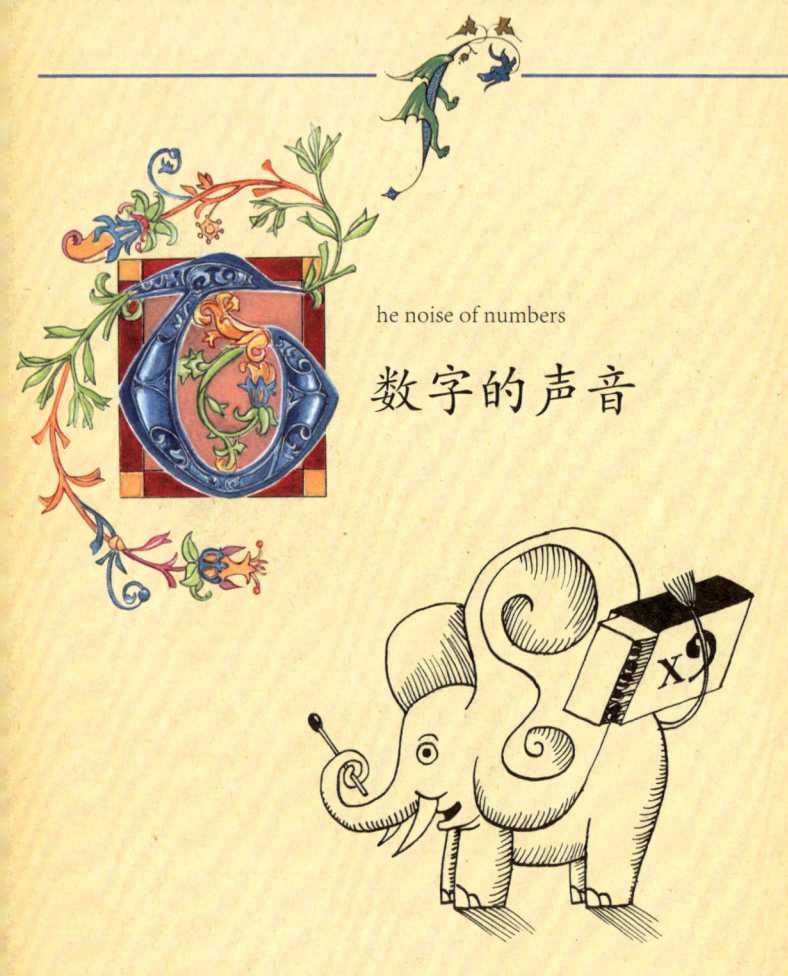

he noise of numbers

数字的声音

剩下的火柴数肯定是9的倍数！因此会有9，18，27，36，45，54，63或者72根火柴。因此你可以根据摇晃火柴盒发出的声音判断剩下多少根火柴：声音越大，剩下的火柴越多。18根与72根火柴摇晃发出的声音差别要比27根与36根火柴的差别大。你只要稍加练习，就能分辨出这种差别了。

第75页答案

ne prophecy

马斯的预言

马斯搞错了。新的一年从来没有从13日周五开始的,而是从1月1日开始。

he light switch

哪个开关

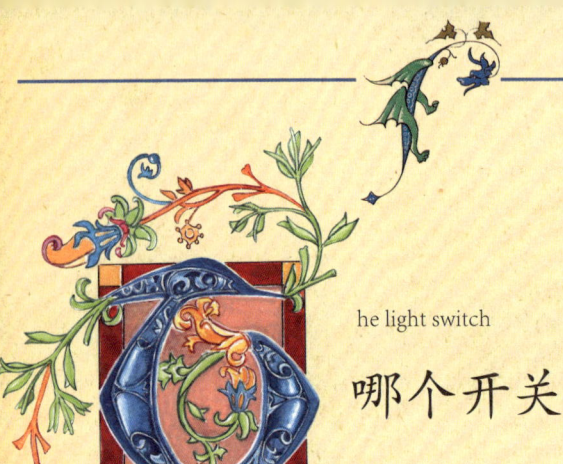

首先打开第一个开关并等待5分钟。

然后把第一个开关关掉的同时打开第二个开关,马上上楼。

如果灯泡被点亮,则第二个开关是正确的;

如果灯泡是暗的,但仍然是热的,说明第一个开关是正确的。

如果灯泡没有亮并且是凉的,那么第三个开关是正确的。

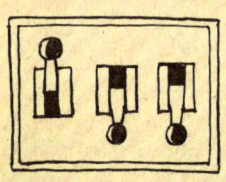

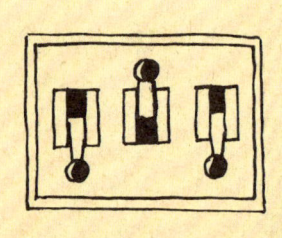

第77页答案

ive triangles

五个三角形

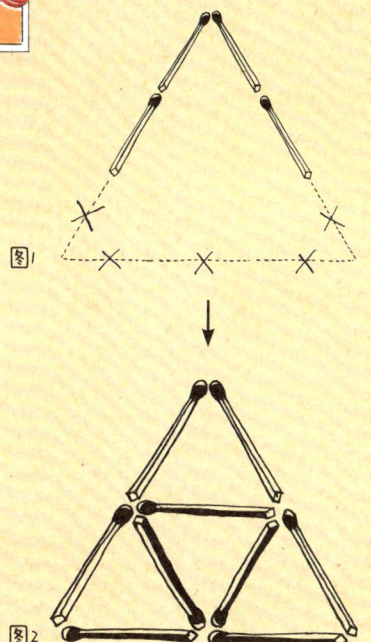

图1

图2

把图1变成图2，就形成了一个大三角形和四个小三角形。

第78页答案

our triangles

四个三角形

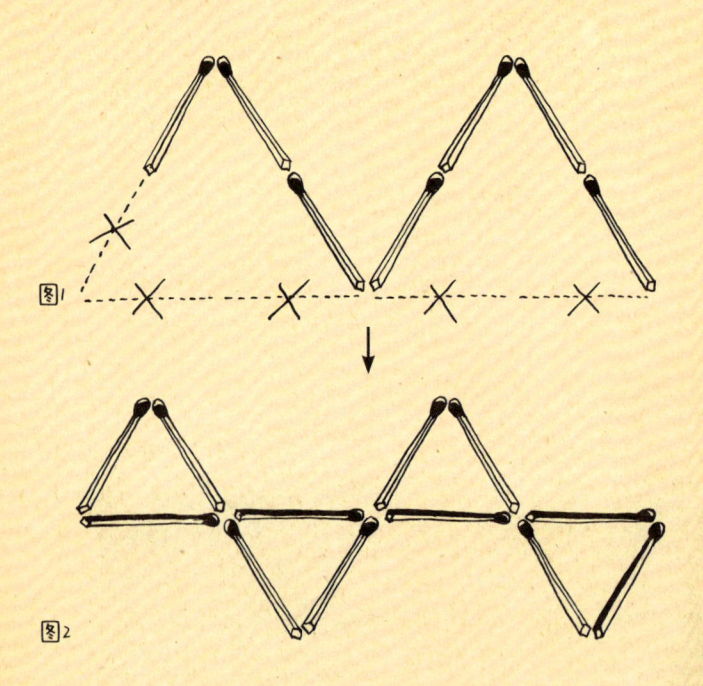

图1

图2

把图1变成图2就可以啦。

第79页答案

yramid of glasses

杯子金字塔

只需把餐刀放置成如图所示,再把第四个杯子放在刀上即可。

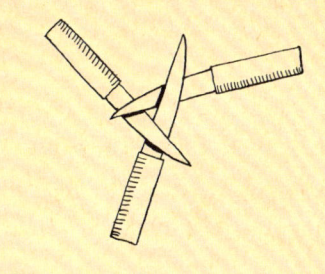

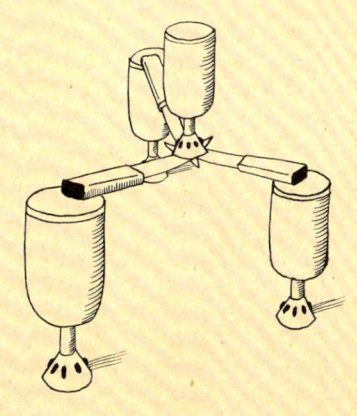

ount fingers

手指乘法表

你只需张开双手数手指就可以了!

例如,要计算9×5的结果,你只需要弯曲左手的第五个手指,然后"读出"这个手指两侧的手指数:这个手指左边的4个手指代表十位数是4,右边的5个手指代表个位数字是5,最终结果是45。

另一个例子是9×6:这一次你需要弯曲第六个手指(在你的右手上),在弯曲的手指左边有5个手指,代表十位数是5;在弯曲的手指右边有4个手指,说明个位数是4,最终结果是54。

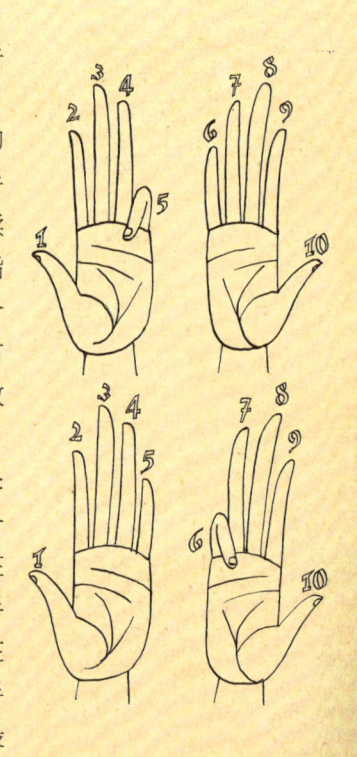

hess and math

象棋与数学

泰博并没有跟克洛尔下棋。

第82页答案

wonderful equality 1

会变的等式（一）

只要用罗马数字来计算就可以啦。
有两种可行的办法：X-I=IX 或 V-I=IV。

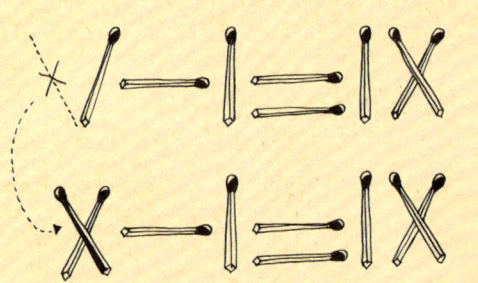

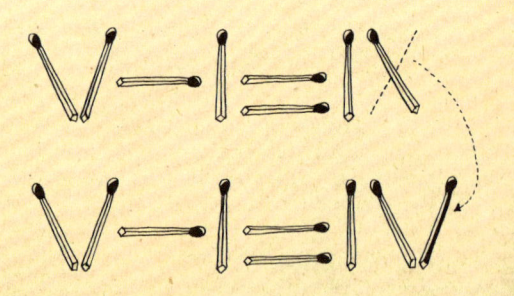

okers

三堆扑克牌

能完成这个游戏是因为有27张牌。

桌子上有三堆牌。

当你的朋友或家人第一次告诉你他的牌在哪一堆里时,你把这些牌放在另外两堆牌的中间重新组合成27张牌。然后你重新按顺序依次分成三堆牌(左、中、右,左、中、右……)。

当你的朋友或家人第二次告诉你他的牌在哪一堆里时,你把它放在另外两堆牌的下面,然后像先前一样按顺序重新分成三堆。

当你的朋友第三次告诉你他的牌在哪一堆里时,你把它放在另外两堆牌的中间。

游戏的最后一步就自然明了啦。

第84页答案

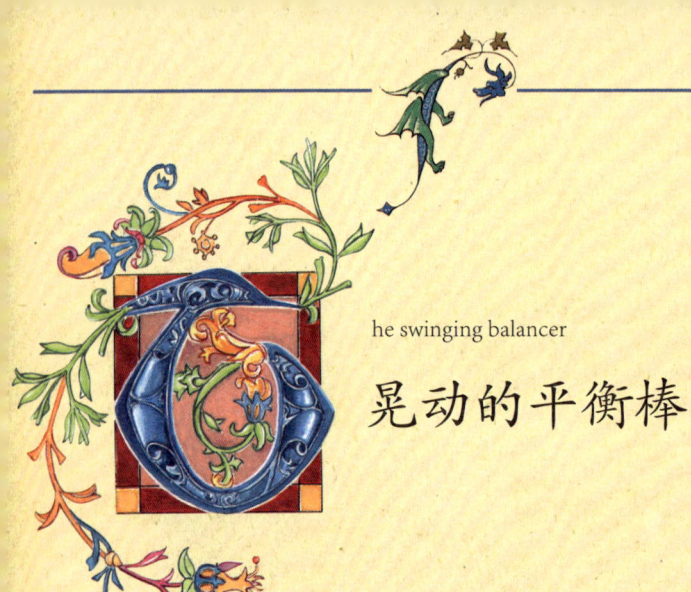

he swinging balancer

晃动的平衡棒

平衡棒不会掉。事实上,杂技演员的两只手最后都移动到平衡棒中间,这样就保持住平衡了。太神奇了,不是吗?

第85页答案

ow many rectangles

多少个矩形

城堡庭院的地面上有30个矩形：
8个1×1的矩形；
6个1×2的矩形；
4个2×1的矩形；
4个1×3的矩形；
3个2×2的矩形；
2个1×4的矩形；
2个2×3的矩形；
1个2×4的矩形。

30

he fifteen doors

一路通过15扇门

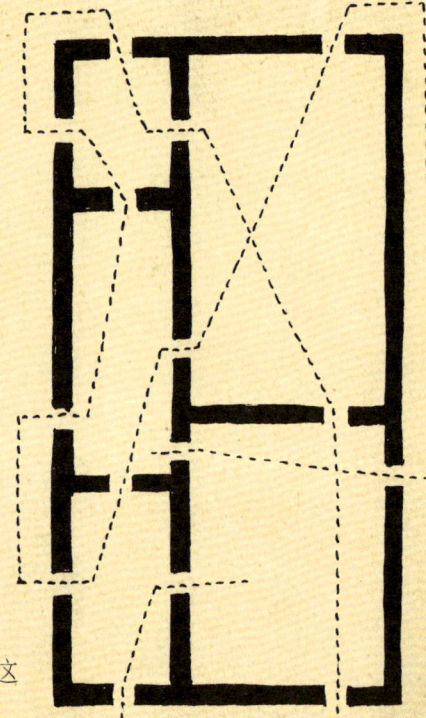

如图所示,这是可行的路线。

第87页答案

Letters

字母变数字

$$\begin{array}{r}17\\ \times4\\ \hline 68\\ +25\\ \hline 93\end{array}$$

第88页答案

ive squares 1

正方形魔法（一）

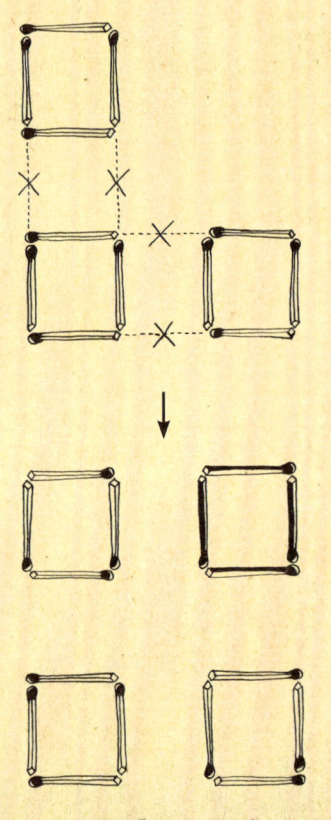

240　第89页答案

ive squares 2

正方形魔法（二）

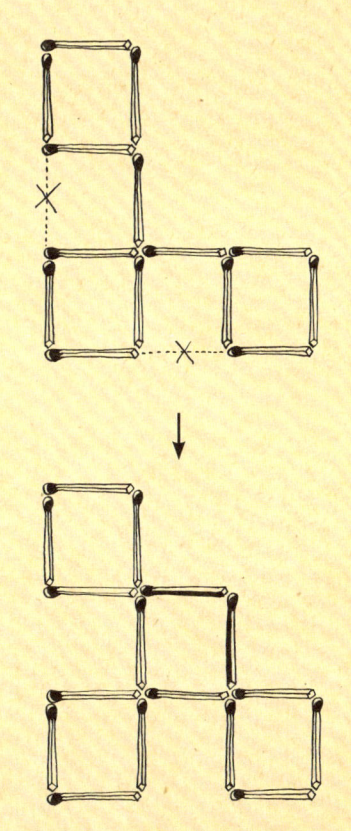

第90页答案

Bounce 掉落的水晶杯

一个杯子，即便是水晶杯，一旦打碎就不会再回弹。所以它在最后一次反弹时破碎。

第91页答案

hree diamonds in boxes

钻石与盒子

有两种解决方案：

1.在A盒子里放1颗钻石，把另外2颗钻石和A盒子放到B盒子中。

2.把3颗钻石放在A盒子里，再把A盒子放到B盒子中。

book up on top

顶书立地

只要把纸叠成手风琴的形状，就能承担书的重量了。

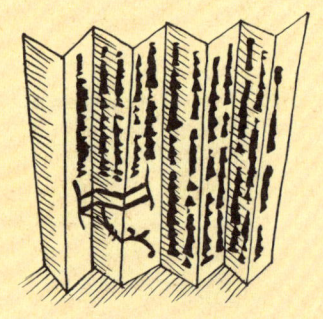

ive circles

五个圆圈

以下是一种解法。

第94页答案

Heads or tails

翻转硬币

有三种解决方法。

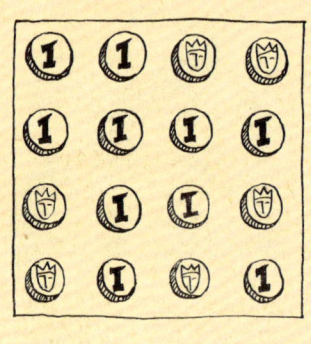

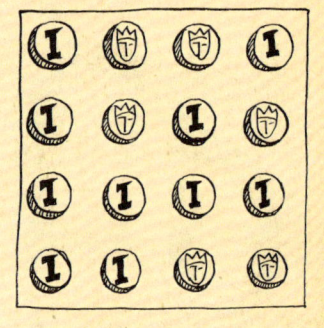

第95页答案

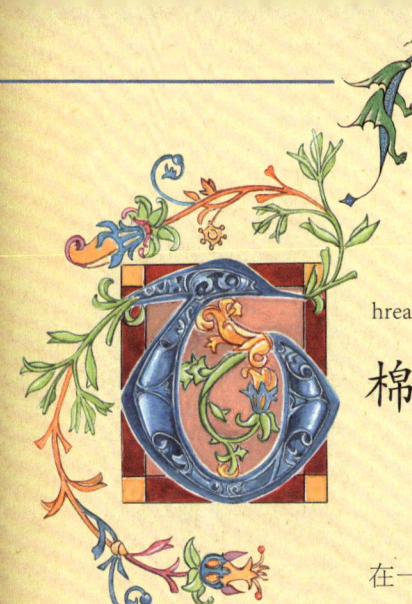

hread and ring

棉线与戒指

在一杯水里放一把盐并搅拌至融化。棉线的一半浸泡到盐水里,然后晾干,接着点火燃烧,棉线便不会断。

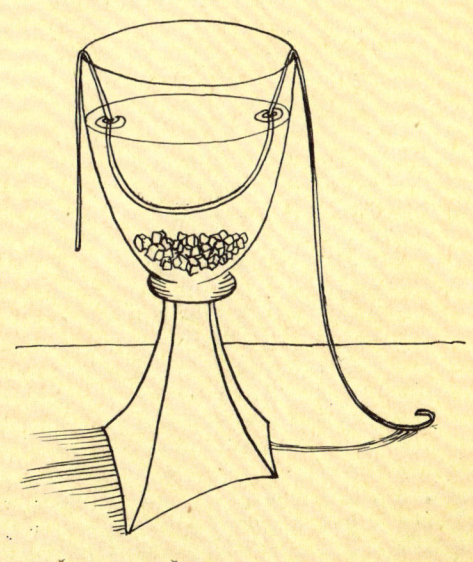

rawing numbers

图形编号

在这个几何图形中,一共可以标记40个数字:前面7个,后面7个,左面7个,右面7个,上面6个,下面6个。

第97页答案

igital games

数字游戏

$$\begin{array}{r} 3\\ \times\ 5694 \\ \hline 17082 \end{array}$$

rilling with straw

在土豆上钻孔

拿一根吸管,用食指堵住它的一端,然后用另一端以最快速度垂直插入土豆中。

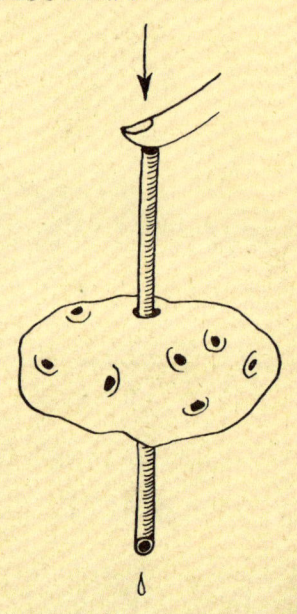

第99页答案

lace pillars

排列柱子

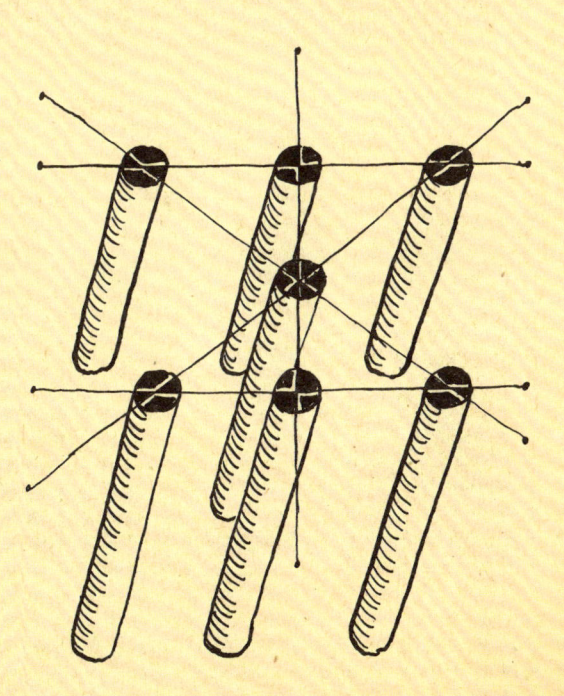

hree Queens

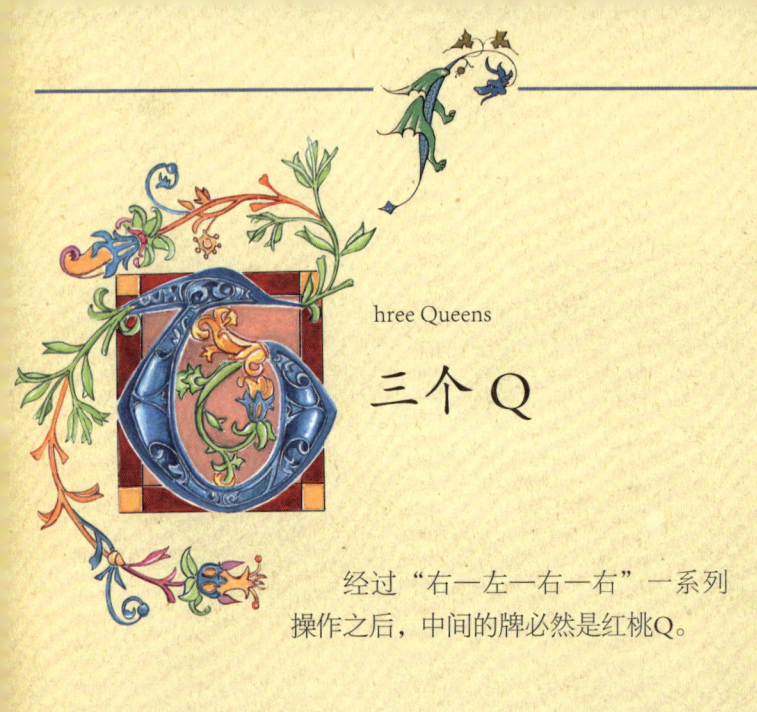

三个 Q

经过"右—左—右—右"一系列操作之后,中间的牌必然是红桃Q。

第101页答案

ride time
骑行时间

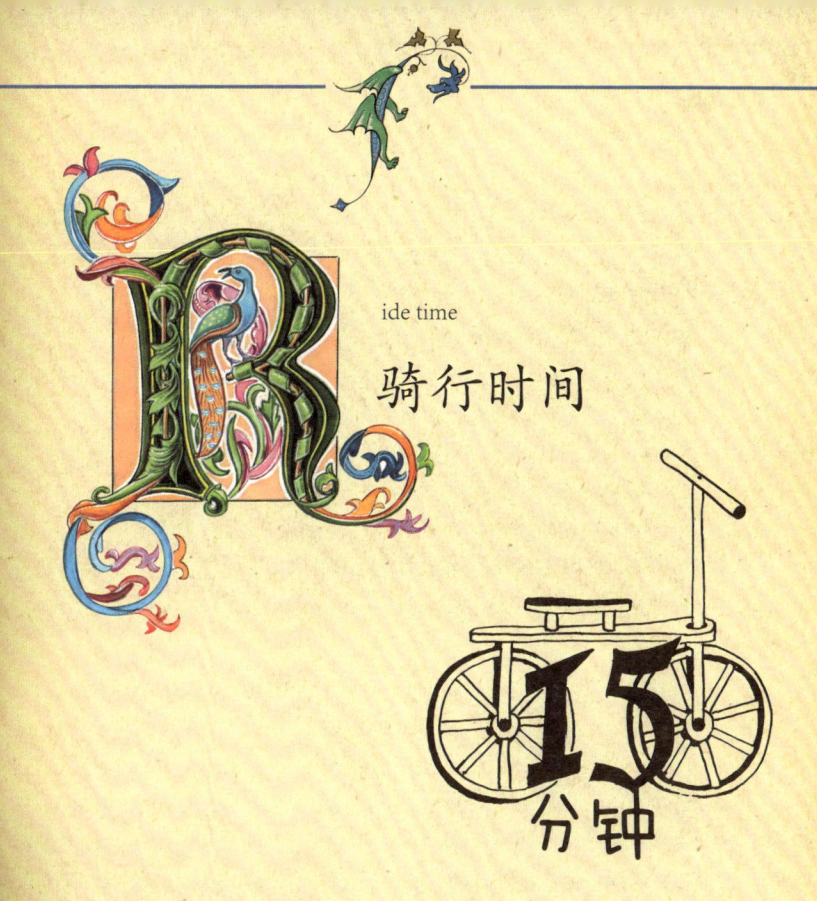

15分钟。 自行车与马车的时速相差15千米。当德耐式自行车行驶时，假设马车相对静止，那么德耐式自行车是以每小时15千米的速度行驶。当德耐式自行车停止时，马车以每小时45千米的速度行驶，马车的行驶距离是德耐式自行车的三倍。

因此，德耐式自行车必须行驶15分钟(3×停止的5分钟)后再停下来，如此马车就追不上啦。

第102页答案

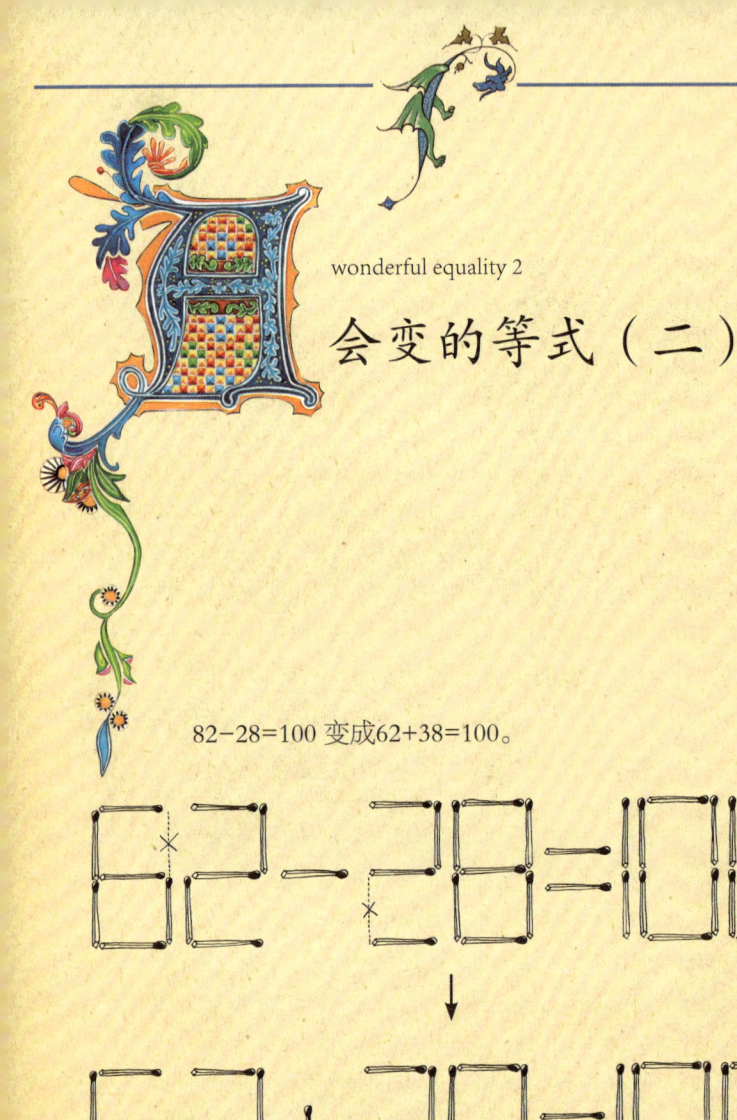

wonderful equality 2

会变的等式（二）

82-28=100 变成62+38=100。

第103页答案

ree the circle

解开圆环

把圆环上绕圈的两端面朝你,拿起圆环往外拉,圆环会被拉出来(如图D)。反过来,如果你把圆环上绳子交叉的两端朝向朋友再往外拉,圆环就会被困住(如图E)。

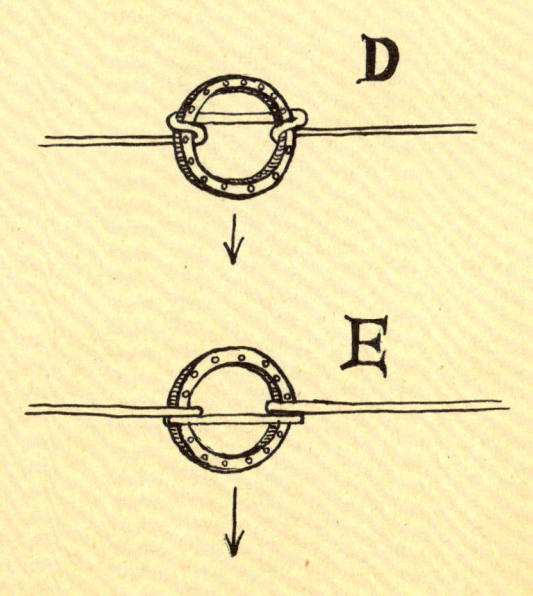

D

E

第104页答案

ddition and subtraction

数字加减

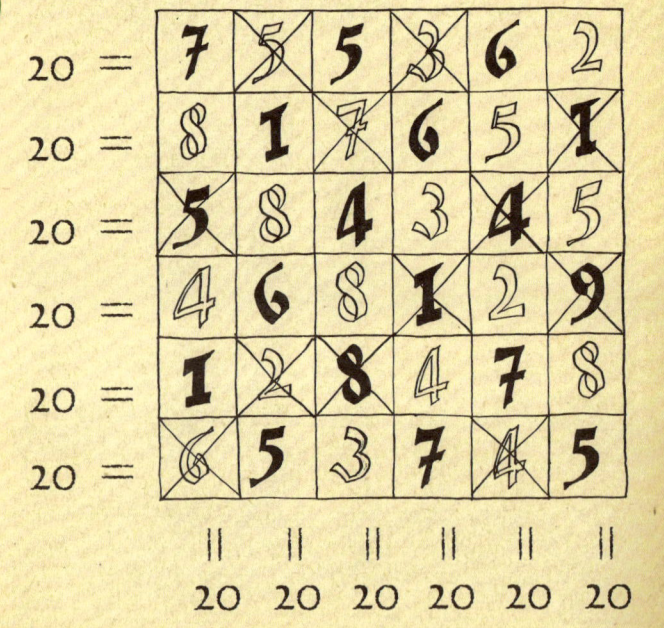

20 =	7	5	5	3	6	2
20 =	8	1	7	6	5	1
20 =	5	8	4	3	4	5
20 =	4	6	8	1	2	9
20 =	1	2	8	4	7	8
20 =	6	5	3	7	4	5
	‖	‖	‖	‖	‖	‖
	20	20	20	20	20	20

第105页答案

agic holes

神奇的洞

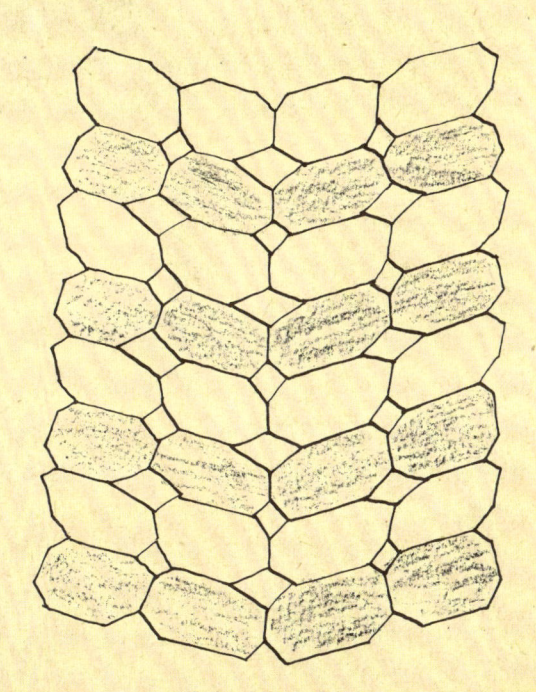

将会看到21个洞。

第106页答案

eversing cards

卡片转向

如图所示：
第一次翻动A，C，D；
第二次翻动A，B，C；
第三次翻动B，C，D；
最后翻动A，B，D。

第107页答案

旅馆魔术

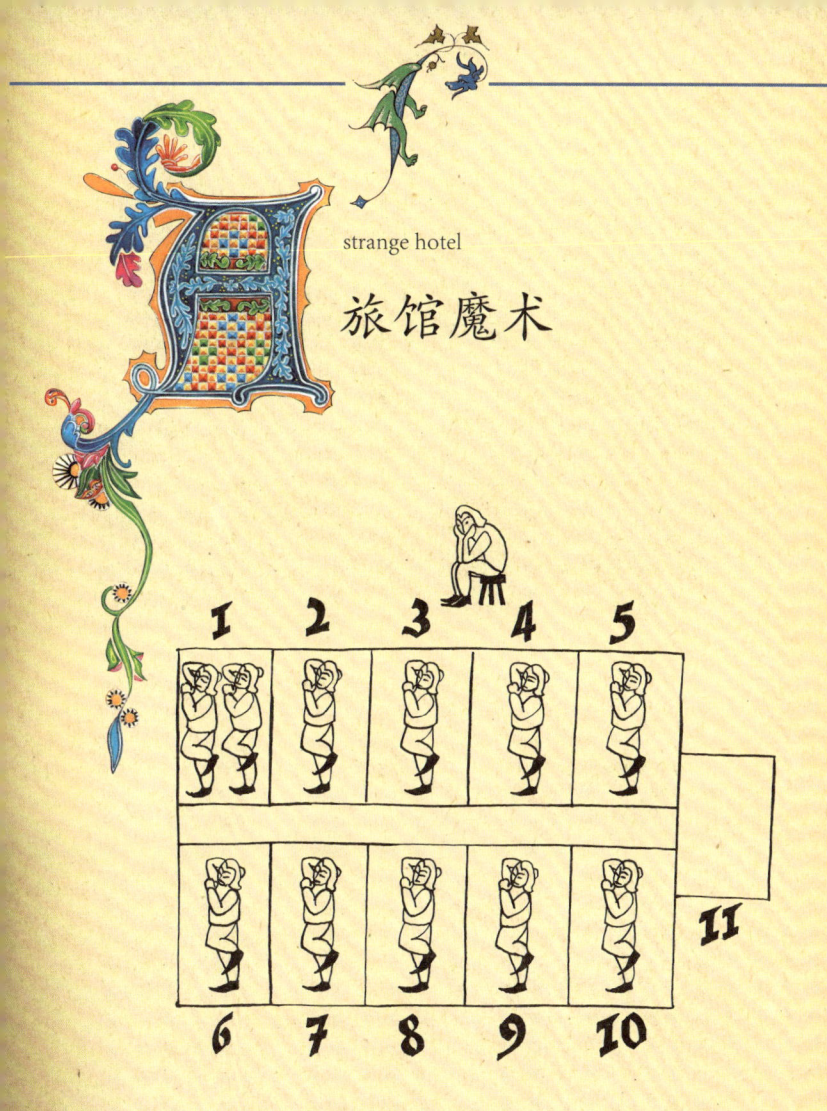

strange hotel

当客栈老板把第十一个人安排在10号房时,第十二个人一直在等着安排房间,只是谜题里没有说出来而已。

第108页答案

ive into nine

会变的正方形

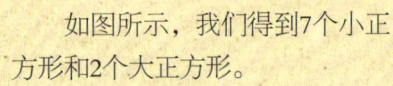

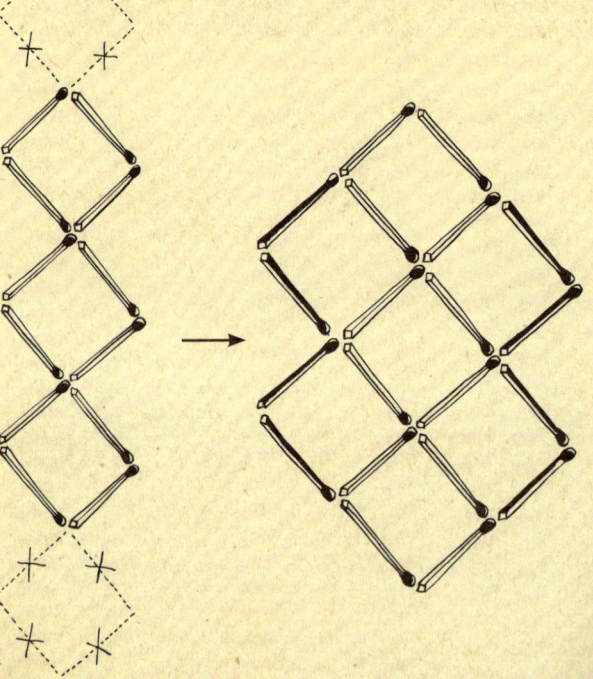

如图所示，我们得到7个小正方形和2个大正方形。

n incredible balloon

不可思议的气球

只要用涂过油的针穿过气球两个较厚的区域，就不会造成气球破裂或撒气。

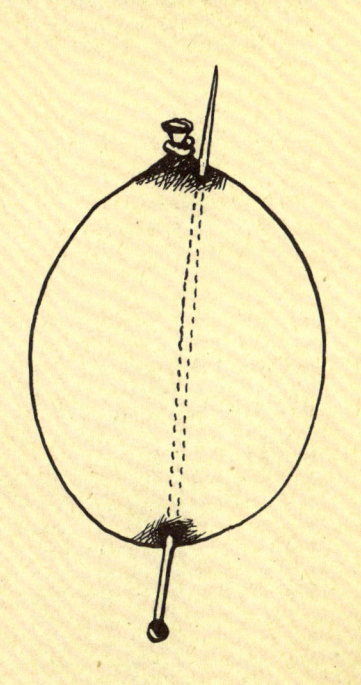

第110页答案

bout π

π的近似值

你能得到圆周率π的近似值！扔出去的针的数量越多，与平行线相交的次数就越多，结果会越接近π。

依据实验计算，100根针中会有31根（平均值）与平行线相交，所以π = 100 ÷ 31 = 3.2258。

如果有1000根针，大约会有317根针与平行线相交，所以π = 1000 ÷ 317 = 3.1545。

第111页答案

ube angle

立方体的夹角

如图所示,在立方体的背面画一条线,与表面的两条虚线形成一个三角形。由于三角形是等边的,所以每个角都是60°。

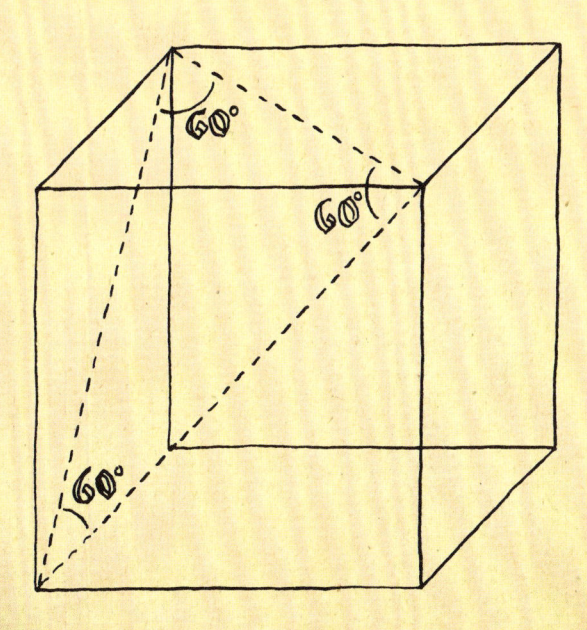

第112页答案

Cyclists' workdays
赛车手的工作日

应该在除以3之前减去周末、法定假日和个人年假。

正中目标

安格斯击中了6次目标。

手中刀子数	击中靶心数	奖励投掷数	手中还剩的刀子数
5	1	+2	6
6	1	+2	7
7	1	+2	8
8	1	+2	9
9	1	+2	10
10	1	+2	11
总计	6		

事实上,在击中目标6次后,他手里还剩下11把刀子。随后安格斯都没有击中目标。

长方形变正方形（二）

把图1变成图2，就可以得到5个小正方形和1个大正方形。

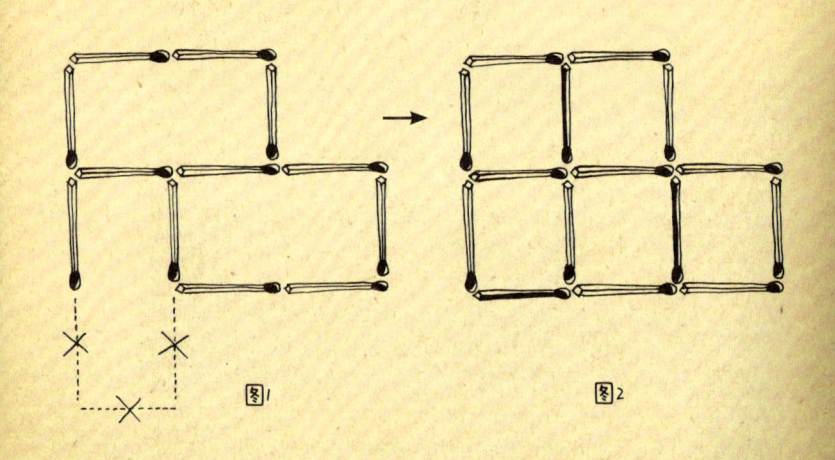

图1　　→　　图2

ectangle to square 3

长方形变正方形（三）

图1变成图2即可。

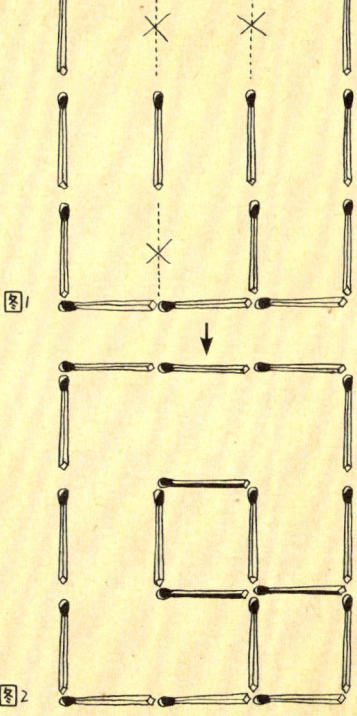

he number found

被发现的数字

选择的数字在哪张卡片上,就把该卡片左上角的数字相加,结果恰好是所选择的数字。

例如,如果选择的数字是44,则可以在C,D和F中找到44,然后把左上角的三个数字相加:4+8+32 = 44。

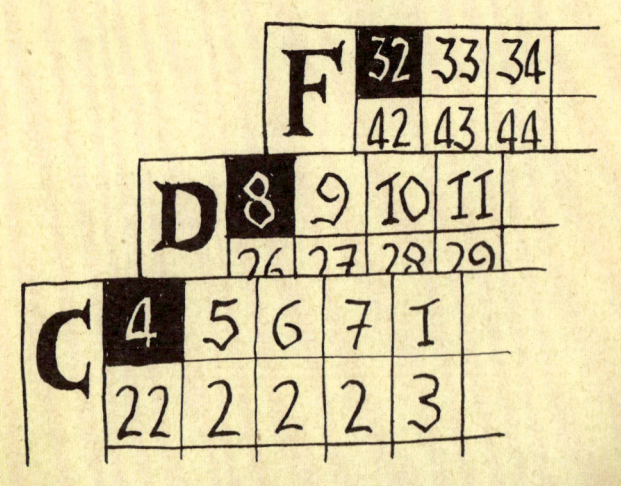

第117页答案

dible candle

可以吃的蜡烛

亚琛堡的主人制作了可以吃的蜡烛：用苹果去核器从苹果中取出一个蜡烛状的圆柱体果肉，当作苹果蜡烛，然后把核桃仁削成灯芯的形状，插在苹果蜡烛上。一旦点燃，核桃就像真正的灯芯一样燃烧起来了！

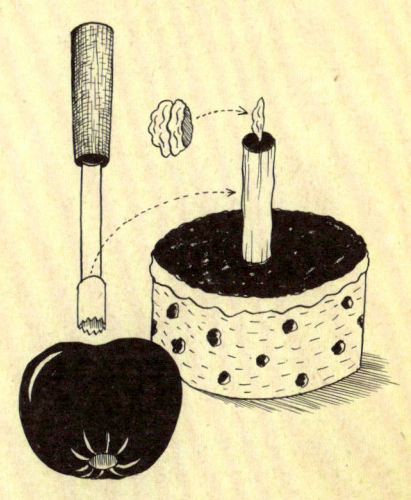

arge family

大家庭

这家酒馆的顾客是一个男人和他的妹妹,以及他们各自的孩子,一个女孩和一个男孩。

he naughty monk

淘气的修士

艾蒂安修士把羊皮纸对折，平放在尺子占据桌面的那部分。贡特兰修士不能再通过敲击尺子伸出桌面的部分让尺子飞出去。此外，如果调皮的贡特兰修士想用力击打尺子使其飞起来，他就有可能把尺子打断，羊皮纸却不会撕破。

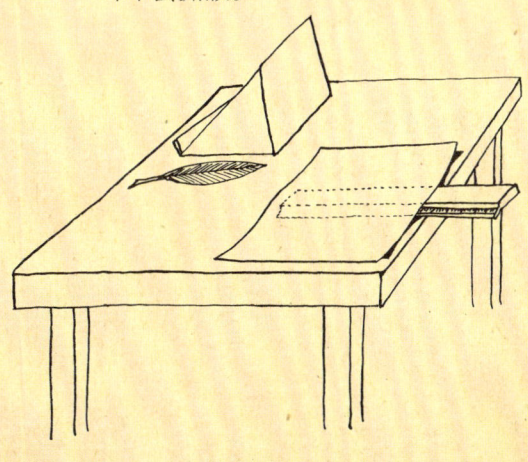

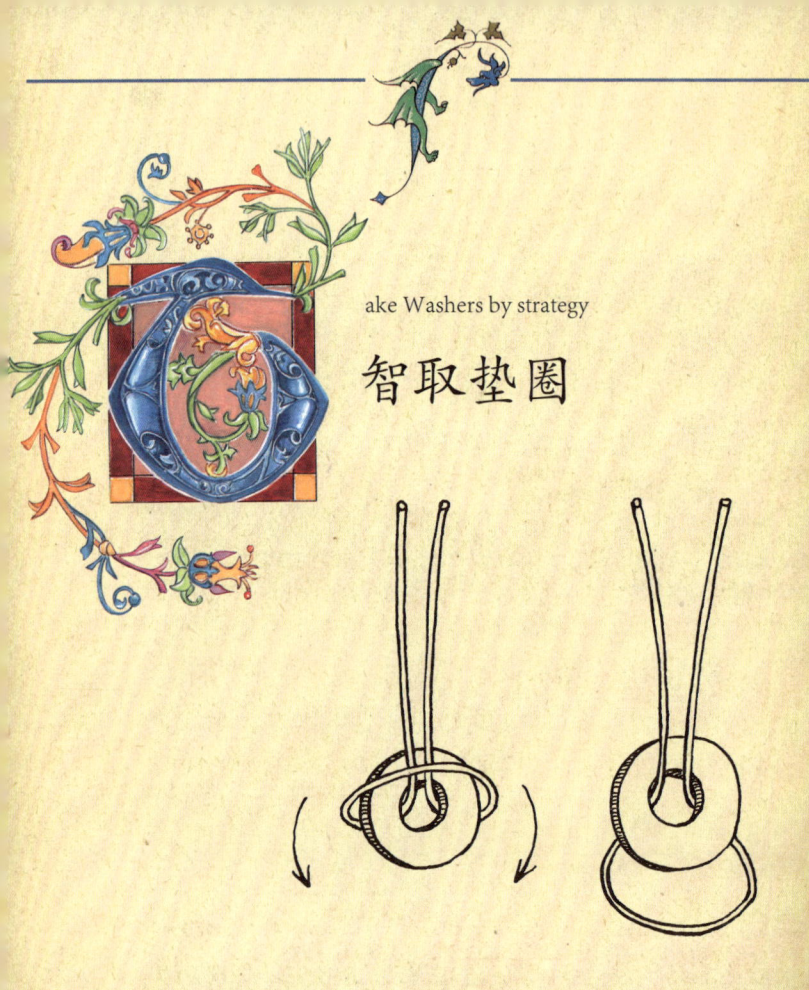

ake Washers by strategy

智取垫圈

在毛巾下面，用手托住垫圈。首先解开第一个垫圈，也就是套在绳子扣里的那个。拉起绳扣，把它从第一个垫圈套过去。这样就把这个垫圈从扣里解出来，再拿出其余四个即可。然后用相反的方法把第一个垫圈拴到绳扣里，取下毛巾就可以啦。

第121页答案

wonderful equality 3

会变的等式（三）

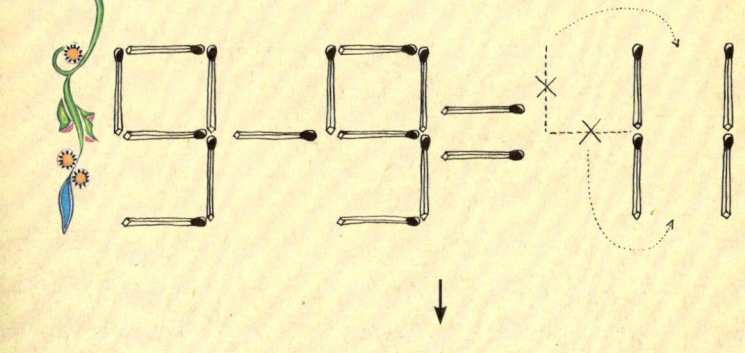

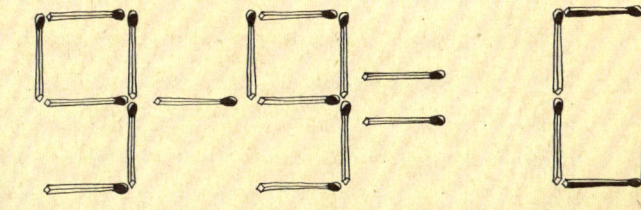

9-9=11

↓

9-9=0

ile a lawsuit

打官司

迈蒙尼德的学生是错的。如果他赢了官司，在执行法院的判决时，他不必向迈蒙尼德付钱，但他必须按照他们的约定付钱。如果迈蒙尼德赢了官司，他的学生不必按照他们的约定付钱，但根据法院的判决学生需要付钱给迈蒙尼德。

总之，在这两种情况下，学生都得给老师支付报酬！

第123页答案

agic fork

魔术餐刀

不,这把餐刀没有任何魔力!

西蒙德勋爵的招数需要提前做点准备:只需用针刺入香蕉皮,在不剥皮的情况下给香蕉切片。针在表皮留下的孔是看不见的。

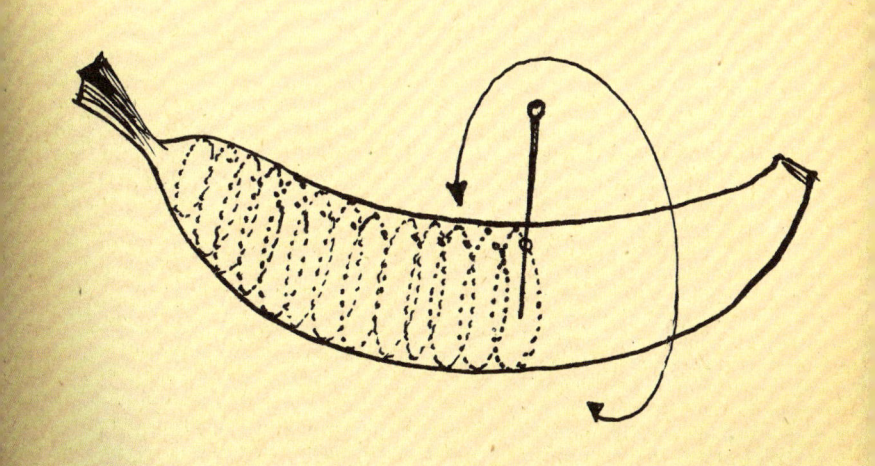

第124页答案

boat

池塘里的小船

根据阿基米德原理，船所受到的浮力等于船所排开的水的重量。因此，船上的锚所排开的水量相当于锚的重量。当锚沉入水中时，锚只排开相当于自身体积的水量。因此，这个池塘的水位下降了。

第125页答案

ence line

围栏连线

如图所示:

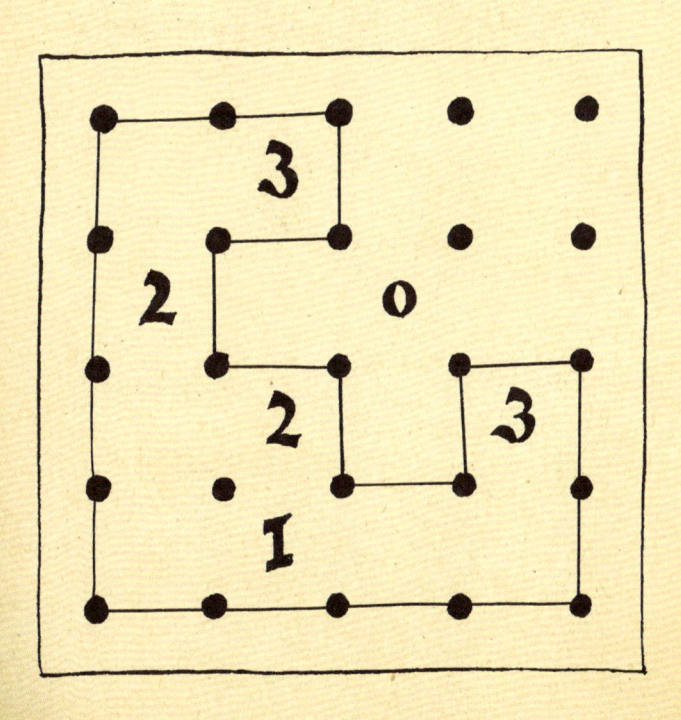

air trade

公平交易

　　库内贡德夫人、赫尔曼斯夫人和埃德曼加夫人总共分享了8道菜,也就是每个人吃$8/3$的菜。赫尔曼斯夫人带来3道菜,实际上只分给埃德曼加夫人$1/3$的菜。库内贡德夫人带来5道菜,因此分给埃德曼加夫人$7/3$的菜。

　　因此,钱的分配应该是这样的:

　　1个钱币给赫尔曼斯夫人,因为她带来3道菜。

　　7个钱币给库内贡德夫人,因为她带来5道菜。

第127页答案

rey minerals

灰色矿藏

第128页答案

he earth is round

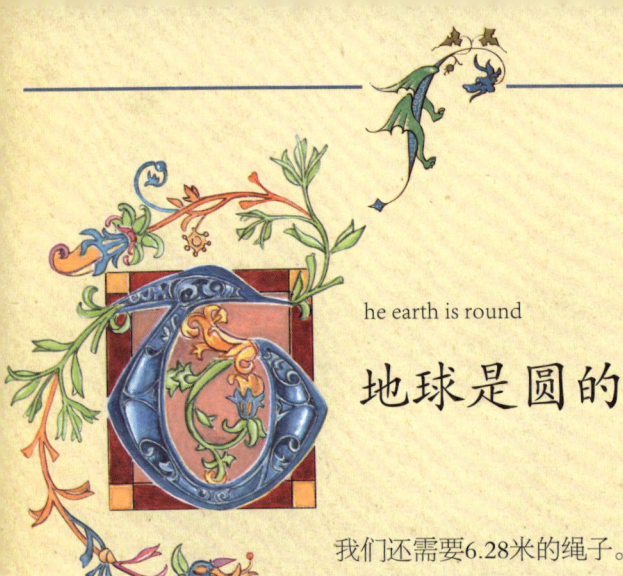

地球是圆的

我们还需要6.28米的绳子。

这是因为围绕地球的圆的半径（r）将增加1米，也就是柱子的高度。圆的周长是 $2 \times \pi \times r$。

因此，如果半径增加1米，周长增加 $2 \times \pi \times 1$，即 $2 \times 3.14 \times 1 = 6.28$ 米。

6,28m

第129页答案

ixteen cards

排列扑克牌

答案如下图所示:

行、列和对角线上永远不会有两次相同的图形或相同的花色!

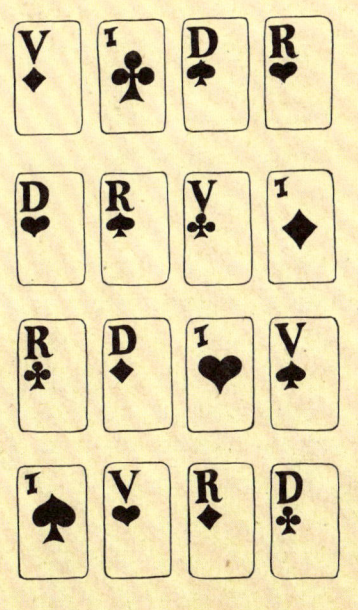

V♦	1♣	D♠	R♥
D♥	R♠	V♣	1♦
R♣	D♦	1♥	V♠
1♠	V♥	R♦	D♣

he house number

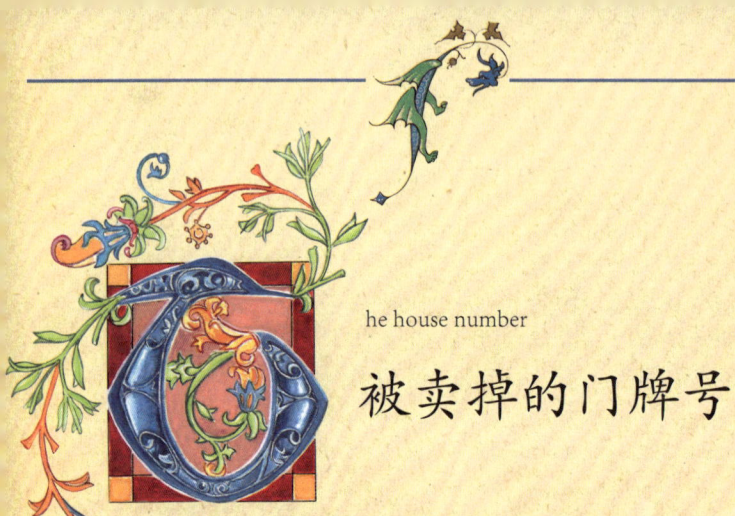

被卖掉的门牌号

中间房子的号码牌可能是89。其实为了尽可能便宜地回收小偷提供的数字，回收人会假装把9看成6。因此，这三个数字87、89和91将分别卖15、14和7个钱币。

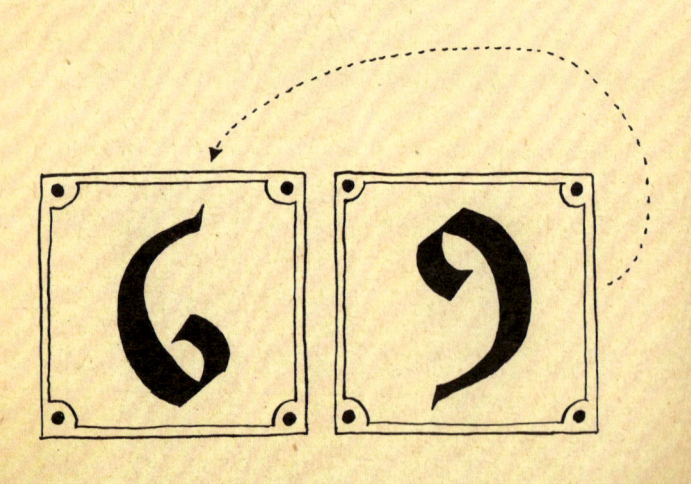

第131页答案

ake out the money

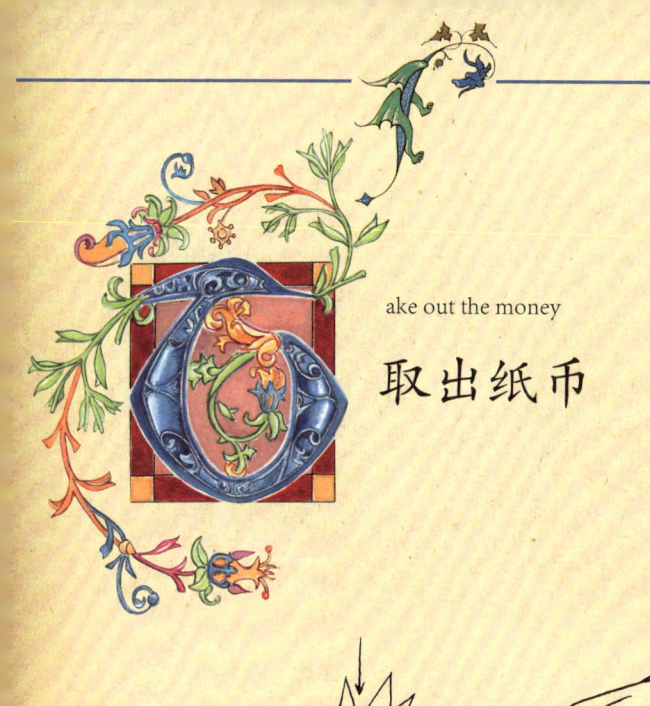

取出纸币

只需用一只手的食指和中指夹住纸币，然后用另一只手的食指敲击纸币紧挨着硬币的一边，这样当纸币被抽出来时，硬币依然会保持平衡。

第132页答案

atches 1

火柴阵列（一）

把图1变成图2，就可以得到2个小正方形和1个大正方形。

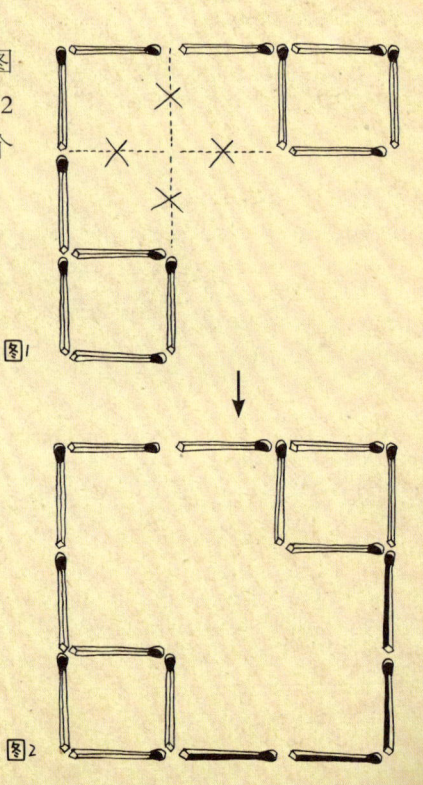

图1

图2

第133页答案

atches 2

火柴阵列（二）

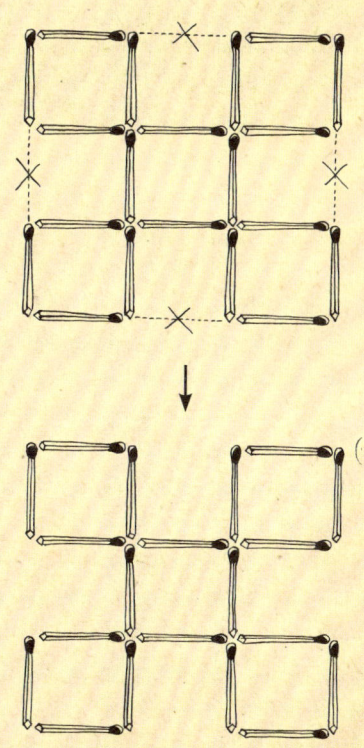

第134页答案

atches 3

火柴阵列（三）

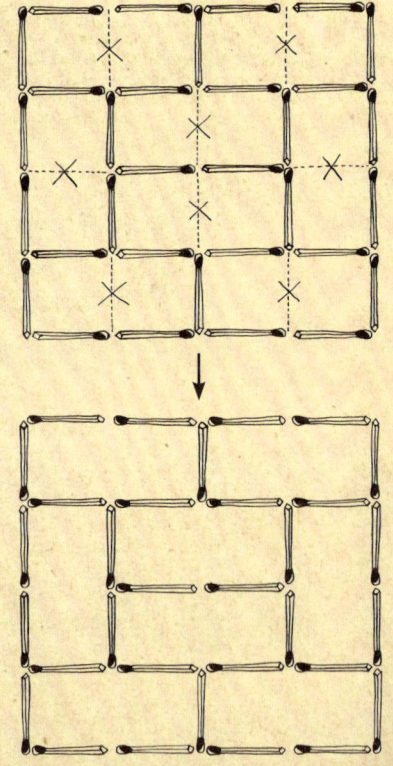

he gems

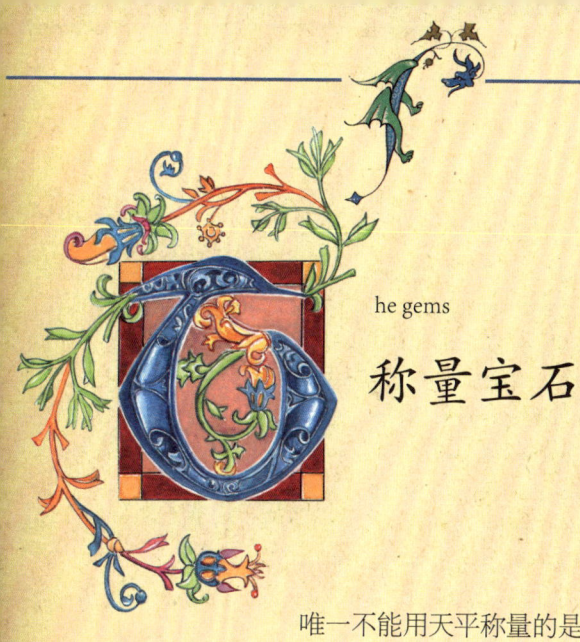

称量宝石

唯一不能用天平称量的是14克的宝石。

he egg

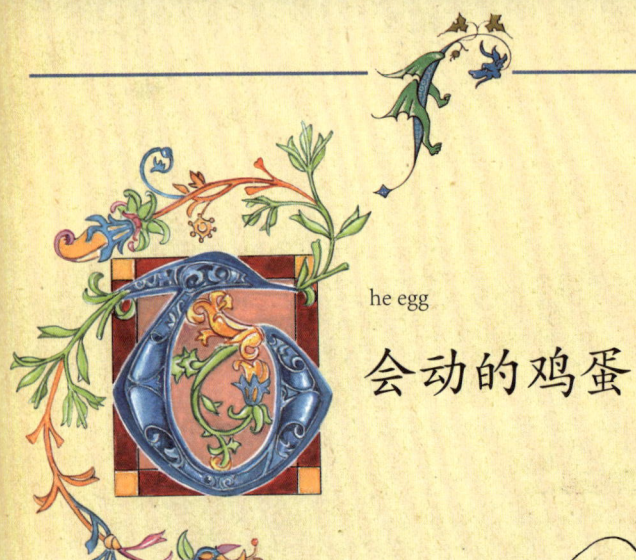

会动的鸡蛋

只需划着一根火柴并扔到瓶子里,然后立即把鸡蛋放在瓶口处,鸡蛋就会被吸到瓶底。

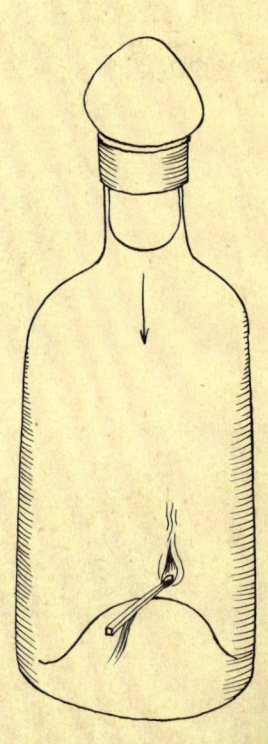

第137页答案

ow old are they

猜年龄

当你的伙伴告诉你结果时,再加上115即可。得到的数值,右边的数字代表年龄,左边的一或二位数代表出生的月份。

例如:现在是2007年,我出生于1970年2月10日,所以我已经37岁了。

2 × 2 = 4
4 + 5 = 9
9 × 50 = 450
450 + 37 = 487
487 − 365 = 122
122 + 115 = 237

237的最后两位数字给出了对方的年龄是37,第一位数字则是他的出生月份2,即2月。

evitation

悬浮取酒

他们所要做的就是用刀取下 $1/4$ 的橘子，然后把五六根火柴插在这 $1/4$ 的橘子上，放入装有酒的盘子里。接着点燃火柴，把杯子翻过来，罩在燃烧着的火柴上。这时酒就会被吸进杯子里！甚至可以把高脚杯连同盘子一起翻过来，而且盘子好像是粘在玻璃杯上一样牢固！

第139页答案

easonable number

合理编号

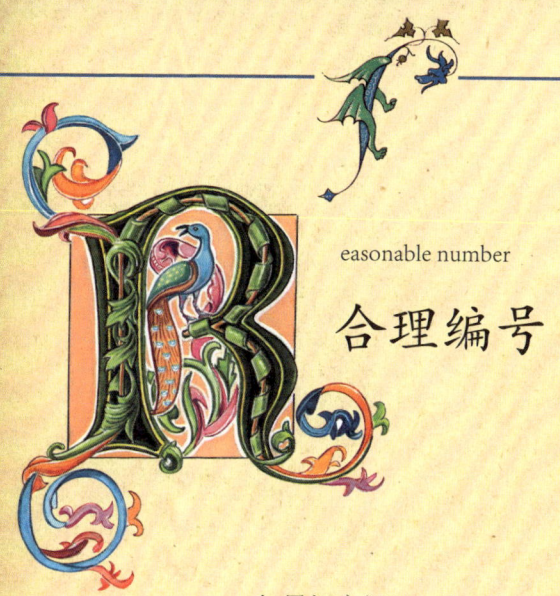

　　如果把房间从1到20编号，行政官要花费122苏。如果他想给亚瑟王省钱，可以选择一个更经济的解决方案：购买数字6来作为数字9，这样就能减少6个苏；不从1到20给房间编号，而是从0到19编号，这样可以再节省2个苏。最后只需花费114个苏。

第140页答案

ews prediction

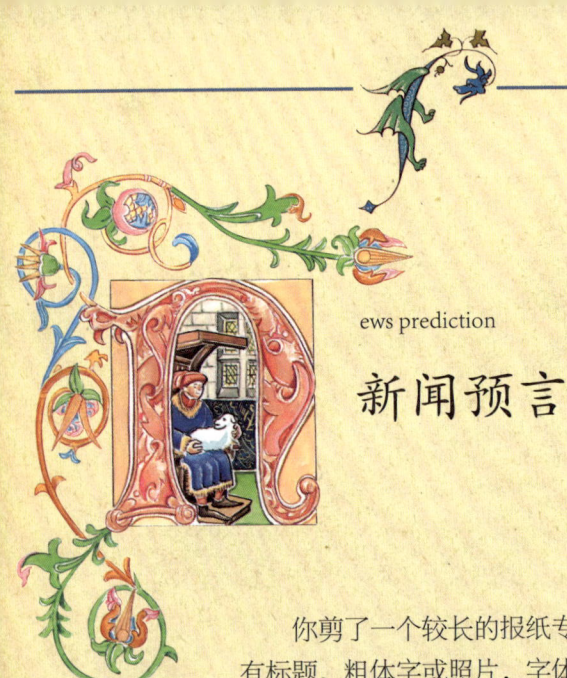

新闻预言

你剪了一个较长的报纸专栏，上面没有标题、粗体字或照片，字体是统一的。然后你把报纸两头剪齐，在一张纸上写下专栏上的第一行字，并把它放在信封里。

离你的朋友远一些，让他看不到专栏上的文字，然后把报纸上下颠倒开始剪。

在你朋友选择的点上剪断报纸，把留在你手中的那部分报纸放到口袋里，让你的朋友捡起掉在地上的那部分。

最后让他读最上面一行文字，并打开信封，预言结果竟然一字不差！

cross the bridge

卡车过桥

由于桥位于巴黎和里昂之间的半路上,卡车过桥时已经消耗了部分燃料。因此,卡车比离开巴黎时重量轻了。卡车和鸽子的总重量不到2吨,所以桥没有倒塌。

第142页答案

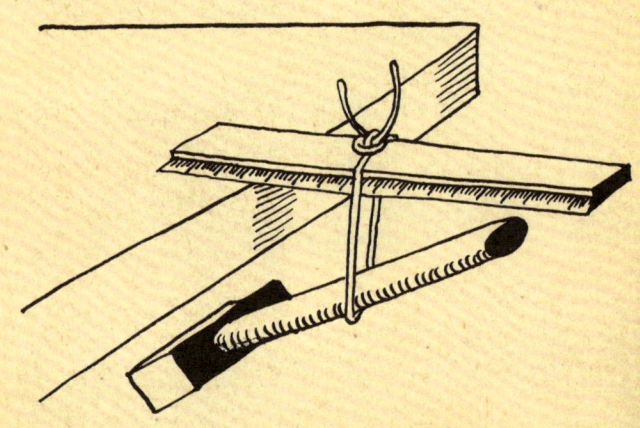

he hammer-ruler trick

尺子平衡游戏

如图所示，只需将绳子打一个结，然后把尺子和锤子穿过绳圈，使锤子的头部位于桌子下方。把尺子的一端放在桌子边缘，整个结构就会平衡……就像变魔术一样！

第143页答案

pside down

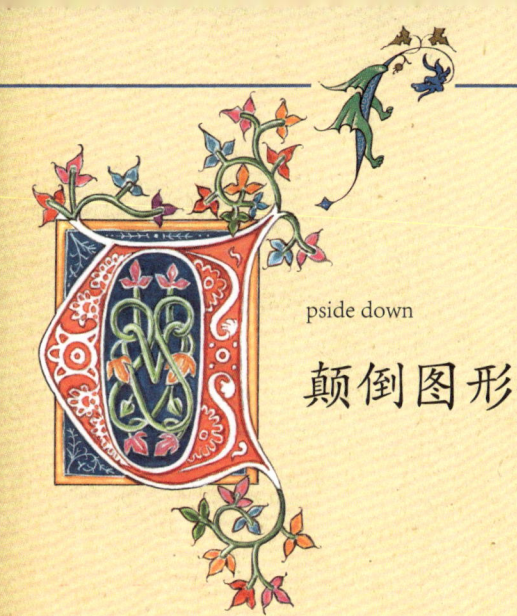

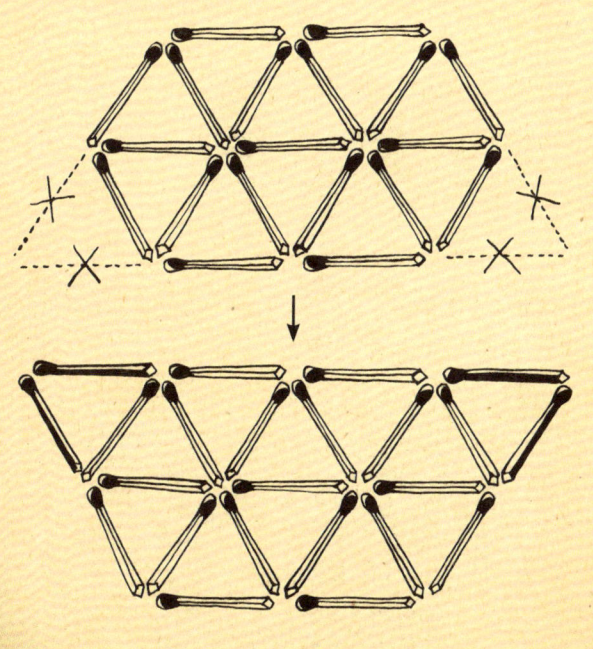

颠倒图形

第144页答案

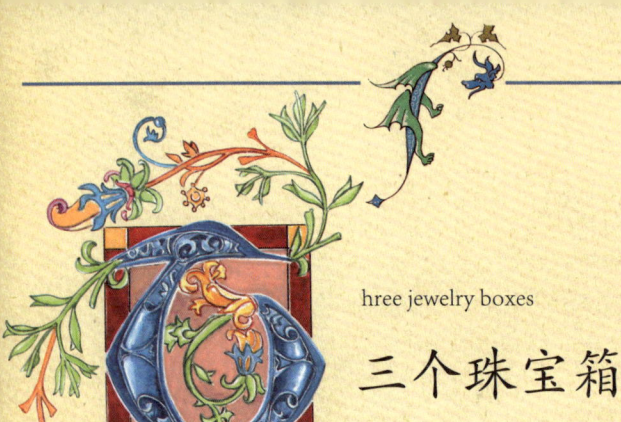

hree jewelry boxes

三个珠宝箱

杰弗里公爵的直觉是正确的！假如他在游戏开始时选择了珠宝箱C，那么他有$1/3$的机会获得金币。因此，有$2/3$的机会金币出现在A和B两个珠宝箱里。国王打开了珠宝箱A，结果发现是空的。杰弗里公爵本来有$2/3$的机会在A和B珠宝箱中发现金币，但现在只剩B，因为A是空的。这个时候，如果他改变主意，杰弗里公爵找到金币的机会就从C的$1/3$变成B的$2/3$。

因此，他只需改变主意，就能使找到金币的机会增加1倍。

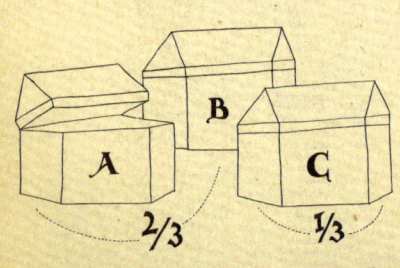

第145页答案

ermutation

排列棋子

至少需要24步才能颠倒棋子的顺序。
以下是需要走的顺序:

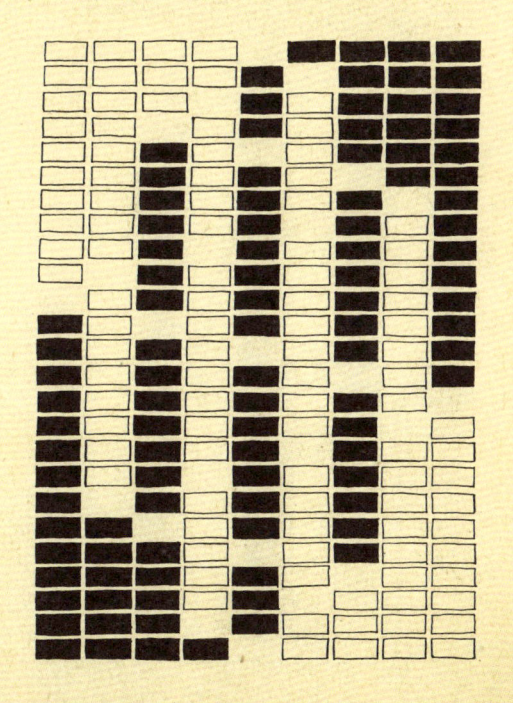

第146页答案

arth pit 2

挖土（二）

他只需要一天就能挖出这个坑。这名建筑工在8天内成功地清理了512（8×8×8）立方米的土。因此，他每天需要挖64（512÷8）立方米的土。要挖一个长4米、宽4米、深4米的坑，他必须挖64（4×4×4）立方米的土，也就是他一天工作的成果。

1 天

第147页答案

ree fall

自由落体运动

诀窍是手拿卡片，让卡片水平处在盒子上方。这样，它就会直接掉进盒子里。

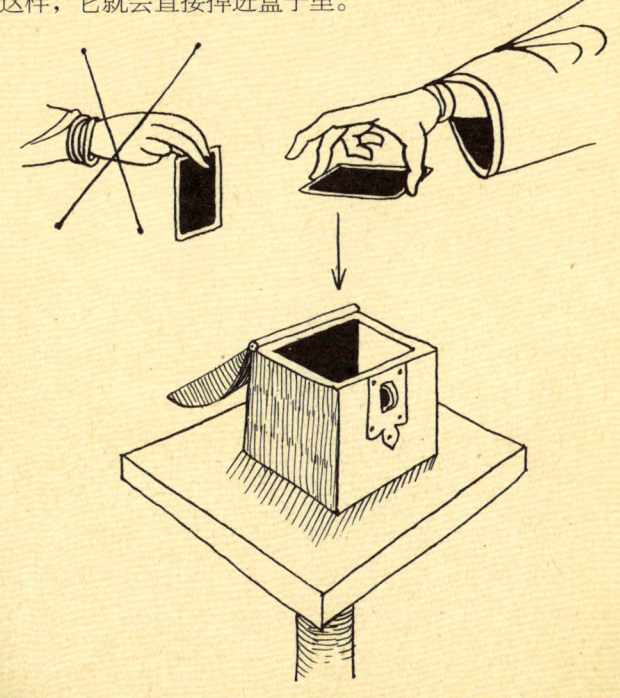

第148页答案

öbius strip 1

莫比乌斯环（一）

我们会得到一条长度相当于原先2倍的纸环!

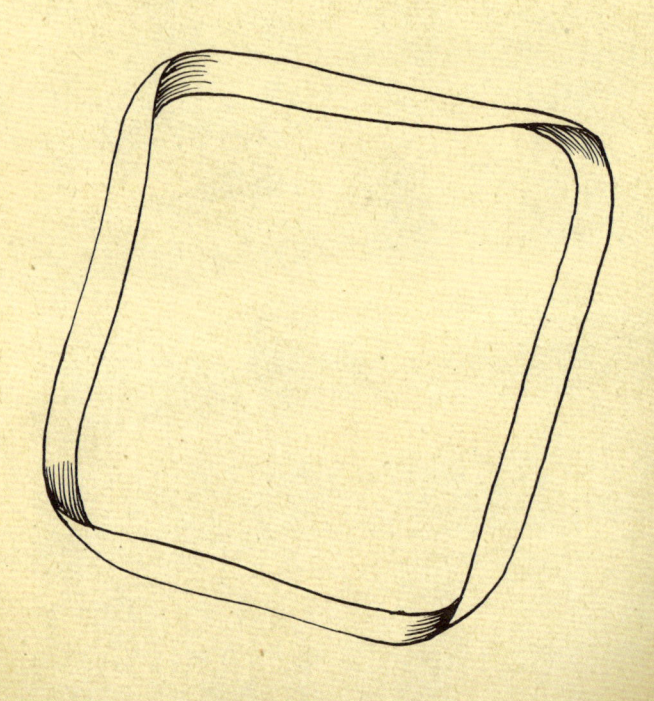

第149页答案

öbius strip 2

莫比乌斯环（二）

小纸环会套在大纸环上！

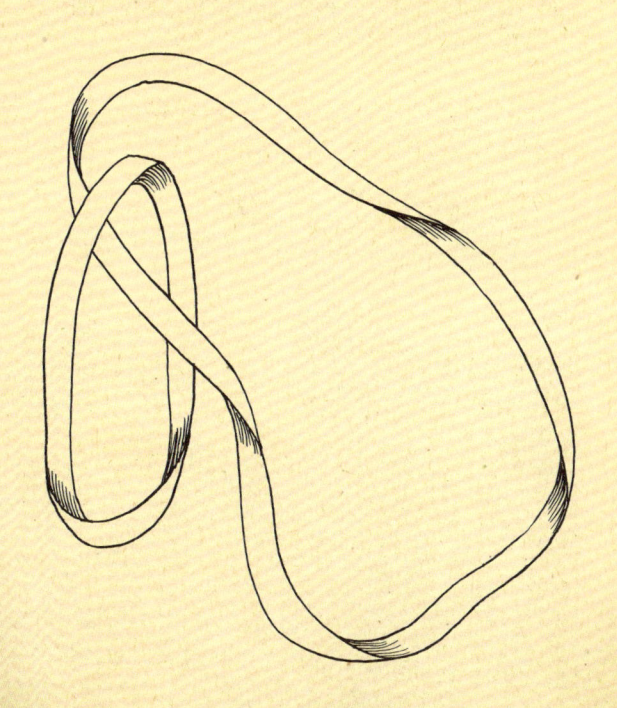

第150页答案